- *Die Tien Plae*

Lewe van Ongehoorsaamheid en *Lewe van* Gehoorsaamheid

Dr. Jaerock Lee

> *" 'Ek weet wat Ek vir julle beplan,' sê die Here: 'voorspoed en
> nie teenspoed nie;' Ek wil vir julle
> 'n toekoms gee, 'n verwagting!' "*
> *(Jeremia 29:11)*

Lewe van Ongehoorsaamheid en Lewe van Gehoorsaamheid
deur Dr. Jaerock Lee
Gepubliseer deur Urim Boeke (Verteenwoordiger: Johnny. H. Kim)
235-3, Guro-dong3, Guro-gu, Seoul, Korea
www.urimbooks.com

Alle regte voorbehou. Hierdie boek of dele daarvan mag nie gereproduseer, in 'n datasentrum geberg of vermenigvuldig word, in enige vorm of deur enige medium – elektronies, meganies, fotografies, fonografies of enige ander vorm van opname – sonder die voorafgaande skriftelike toestemming van die uitgewer nie.

Tensy anders vermeld, is alle Teksverwysings geneem vanuit Die Bybel, Nuwe Vertaling (met herformulerings) 1975, 1979, 1983, 1986 deur die Bybelgenootskap van Suid-Afrika.

Kopiereg @ 2008 deur Dr. Jaerock Lee
ISBN: 979-11-263-1246-7 03230
Vertaling Kopiereg @ 2008 deur Dr. Esther K. Chung. Gebruik met toestemming.

Voorheen in Koreaans deur Urim Boeke in 2007 gepubliseer.

Eerste Publikasie Maart 2023

Geredigeer deur Dr. Geumsun Vin
Ontwerp deur Redaksionele Buro van Urim Boeke
Vir meer inligting kontak asseblief: urimbook@hotmail.com

Voorwoord

Die Burgeroorlog in die Verenigde State het sy piek bereik toe die 16de president, Abraham Lincoln, 'n dag van vasgebede op 30 April, 1863 afgekondig het.

"Vandag se verskriklike rampe, mag die straf van ons voorvaders se sondes wees. Ons was te trots oor ons sukses en rykdom. Ons was so trots dat ons vergeet het om tot God, wie ons geskep het, te bid. Ons moet die sondes van ons nasie bely, en vir God se barmhartigheid en genade, op 'n nederige wyse vra. Dit is die plig van die inwoners van die Verenigde State van Amerika."

Soos wat die groot leier voorgestel het, het baie Amerikaners nie vir 'n dag geëet, en vasgebede aangebied.

Lincoln het nederig tot God gebid en die Verenigde State van

Amerika van ondergang gered. Inderwaarheid, kan ons al die antwoorde van ons probleme by God vind.

Die evangelie was deur baie predikers regdeur die eeue verkondig, maar baie mense het nie na die woord van God geluister nie, en gesê dat hulle eerder in hulself glo.

Vandag, is daar ongewone temperatuurveranderinge en natuurlike rampe wat regoor die wêreld plaasvind. Selfs met die ontwikkeling van medikasie is daar nuwe en behandelingsweerstandige siektes wat vernyniger word.

Mense mag vertroue in hulleself hê. Mense mag hulleself van God distansieer, maar wanneer ons na hulle lewens kyk, dan kan ons nie anders as om die woorde soos angstigheid, pyn, armoede en siektes te meld nie.

In die bestek van een dag kan 'n persoon sy gesondheid verloor. Sommige mense verloor hulle geliefde families of hulle voorspoed as gevolg van ongelukke. Ander mag baie probleme in hulle besighede of werksplekke ervaar.

Hulle mag uitroep, "Waarom het hierdie dinge met my gebeur?" Maar hulle ken nie die uitkoms daarvan nie. Baie gelowiges ly weens beproewinge en toetse en ken nie die uitkoms daarvan nie.

Maar, alles het 'n oorsaak. Alle probleme en moeilikhede het ook oorsake.

Die Tien Plae wat vir Egipte opgelê was, en die reëls vir die Joodse Paasfees soos in die Boek Eksodus opgeteken, gee die leidraad vir oplossings van alle soorte probleme waarmee die mensdom op hierdie aarde vandag te doen sal kry.

Egipte verwys geestelik na die wêreld, en die les van die Tien Plae oor Egipte is op almal regoor die wêreld selfs van -dag nog van toepassing. Maar nie baie mense besef God se wil, soos in die Tien Plae ingesluit nie.

Aangesien die Bybel nie sê dat dit die 'Tien Plae' is, sê sommige mense dat dit is elf of twaalf plae.

Die vorige mening het die geval, waar Aäron se kierie in 'n slang verander het, ook daarby ingesluit. Maar daar is nie enige sigbare skade deur die slang te sien, dus is dit in 'n sekere mate moeilik om dit as een van die plae in te sluit.

Maar omdat 'n slang in die wildernis baie sterk gif het, om 'n persoon met een pik te laat sterf, mag iemand baie bedreig voel deur net 'n slang te sien. Daarom sluit sommige mense dit as een van die plae in.

'n Latere mening sluit die insident van die kierie wat in 'n slang verander het, asook die Egiptiese soldate se dood in die Rooi See ook in. Aangesien die mense van Israel op daardie stadium nog nie die Rooi See oorgesteek het nie, het hulle die insident ingesluit en gesê daar was twaalf plae. Dit is nie die aantal plae wat belangrik is nie, maar die geestelike betekenis en die voorsiening van God wat dit bevat.

In hierdie boek word geskets, in kontras, die lewe van Farao, wie die woord van God verontagsaam het, en die lewe van Moses wie 'n lewe van gehoorsaamheid gelei het. Dit bevat ook die liefde van God, wie met Sy onbeperkte deernis ons die weg na saligheid, deur die viering van die Paasfees, die reinigingswet en die betekenis van die Fees van die Ongesuurde Brood laat verstaan.

Farao het die krag van God gesien, maar Hom steeds verontagsaam en hy het in 'n onveranderlike toestand verval. Maar die Israeliete was van alle rampe gevrywaar, omdat hulle gehoorsaam was.

Die rede waarom God ons van die Tien Plae vertel, is sodat ons kan besef waarom beproewinge en toetse oor ons kom, sodat ons alle probleme van die lewe kan oplos en 'n lewe vry van enige rampe kan lei.

Verder, deur vir ons van die seëninge te vertel wat oor ons sal kom, wanneer ons gehoorsaam is, wil Hy hê dat ons die hemelse koninkryk as Sy kinders sal verkry.

Hulle wie hierdie boek lees sal instaat wees om die sleutels te vind, om die probleme van die lewe op te los. Hulle sal die geesvervulling ervaar, soos die smaak van vars reën na 'n lang droogte, en op die weg na antwoorde en seëninge gelei word.

Ek gee my dank aan Geumsun Vin, die direkteur van die Redigeringsburo, asook alle werkers wie hierdie publikasie moontlik gemaak het. Ek bid in die naam van die Here Jesus Christus dat al die lesers 'n lewe van gehoorsaamheid sal lei, sodat hulle wonderlike liefde en seëninge van God sal ontvang.

Julie 2007
Jaerock Lee

Inhoudsopgawe

Voorwoord

Lewe van Ongehoorsaamheid · 1

Hoofstuk 1
Tien Plae aan Egipte Opgelê · 3

Hoofstuk 2
Lewe van Ongehoorsaamheid en Plae · 19

Hoofstuk 3
Plae van Bloed, Paddas en Muggies · 31

Hoofstuk 4
Plae van Vlieë, Peste, en Pitswere · 49

Hoofstuk 5
Plae van Hael en Sprinkane · 65

Hoofstuk 6
Plae van Duisternis en Dood van die Eersgeborenes · 79

Lewe van Gehoorsaamheid · 93

Hoofstuk 7
Paasfees en Weg na Saligheid · **95**

Hoofstuk 8
Reiniging en Heilige Nagmaal · **111**

Hoofstuk 9
Uittog en die Fees van die Ongesuurde Brood · **129**

Hoofstuk 10
Lewe van Gehoorsaamheid en Seëninge · **143**

Lewe van Gehoorsaamheid

As jy nie luister na die Here jou God nie en jy gehoorsaam
nie al Sy gebooie en voorskrifte wat ek jou vandag gee,
en jy lewe nie daarvolgens nie, sal al hierdie
strawwe oor jou kom en jou tref:
"Daar sal 'n vloek op jou rus in die stad, daar sal
'n vloek op jou rus in die oop veld.
Daar sal 'n vloek rus op jou oesmandjie en op jou knieskottel.
Daar sal 'n vloek rus op jou nageslag en op die opbrengs van jou
lande, op jou kalweroes en jou lammeroes.
Daar sal 'n vloek op jou rus waar jy ook gaan"
(Deuteronomium 28:15-19).

Hoofstuk 1

Tien Plae aan Egipte Opgelê

Eksodus 7:1-7

Toe sê die Here vir Moses, "Kyk, Ek gee aan jou gesag oor die Farao, en jou broer Aäron sal jou woordvoerder wees. Alles wat Ek jou beveel, moet jy aan jou broer Aäron oordra, en hy moet dit vir die Farao vertel sodat hy die Israeliete kan laat trek uit sy land uit. Maar Ek sal die Farao hardkoppig maak, sodat Ek baie tekens en wonders in Egipte kan doen. Hy sal wel nie na julle luister nie, maar dan sal Ek Egipte my mag laat ervaar: met groot reddingsdade sal Ek die stamme van my volk Israel uit Egipte bevry. As Ek Egipte tref, sal hulle besef dat Ek die Here is, en dan sal Ek Israel tussen hulle uit laat trek." Moses en Aäron het gedoen presies wat die Here hulle beveel het. Moses was tagtig en Aäron drie en tagtig toe hulle met die Farao gaan praat het

Almal het 'n reg om gelukkig te wees, maar nie baie mense voel eintlik gelukkig nie. Vernaamlik in vandag se wêreld wat vol van verskeie vorme van ongelukke, siektes en misdade is, is dit moeilik om enigiemand se blydskap te waarborg.

Maar daar is iemand wie wil hê dat ons blydskap, meer as enigiemand anders moet ervaar. Dit is ons Vader God wie ons geskep het. In die hart van die meeste ouers is die begeerte, om alles aan hulle kinders onvoorwaardelik te gee, vir hulle blydskap. Ons God is liewer vir ons as enige ouers en Hy wil ons meer seën, as enige ouers se begeerte.

Hoe kan hierdie God ooit wil hê, dat Sy kinders weens angs moet ly of rampe ervaar? Niks kan verder weg van God se begeerte vir ons wees nie.

Indien ons in staat is om die geestelike betekenis en die voorsiening van God te besef, soos vervat in die Tien Plae wat aan Egipte opgelê was, kan ons verstaan dat dit ook Sy liefde was. Verder, kan ons die maniere ontdek om rampe te vermy. Maar selfs met die trotsering van rampe kan ons die weg gewys word en vind, om toenemend die weg van seëninge te gaan.

Wanneer probleme in die gesig gestaar word, glo baie mense nie in Hom nie, maar kla steeds teenoor God. Selfs tussen gelowiges is daar sommiges wie nie God se hart verstaan, wanneer hulle ontberings ervaar. Hulle verloor geloof en verval in wanhoop.

Job was die rykste man in die Ooste. Maar toe rampe oor hom kom, het hy eerstens nie die wil van God geken nie. Hy het gepraat asof wat oor hom gekom het, dat hy verwag het dat dit oor hom sou kom. Dit word in Job 2:10 uitgedruk. Hy het gesê, sedert hy seëninge van God ontvang het, was daar 'n moontlikheid dat hy ook teenspoed kon ontvang. Nietemin, hy het dit misverstaan dat God gee seëninge sonder oorsaak of rede.

Die hart van God is vir ons nooit rampspoedig, maar vrede. Voordat ons na die Tien Plae kyk, wat aan Egipte opgelê was, laat ons eers dink aan die situasie en omstandighede in daardie tyd.

Die Kwaliteite van die Israeliete

Israel is die uitverkore mense van God. In hulle geskiedenis, kan ons die voorsiening en wil van God baie maklik vind. Israel was die naam wat aan Jakob, die kleinseun van Abraham, gegee was. Israel beteken "want jy het teen God en teen mense 'n stryd gevoer en jy het dit end-uit volgehou" (Genesis 32:28).

Isak was vir Abraham gebore, en Isak het tweeling seuns gehad. Hulle name was Esau en Jakob. Dit was ongewoon dat die tweede seun, Jakob, aan sy broer, Esau, se hakskeen met geboorte vasgehou het. Jakob wou die reg van die eersgeborene bekom, in die plek van Esau, wie die ouer broer was.

Dit is waarom Jakob later Esau se geboortereg vir brood en lensiesop gekoop het. Hy het ook sy vader, Isak, bedrieg deur die seëninge van die eersgebore seun, Esau, te bekom.

Deesdae het die mense se sieninge al baie verander, deurdat hulle erflatings nie alleenlik aan hulle seuns nalaat nie, maar ook aan hulle dogters. Maar in die verlede het die eersgebore seun gewoonlik alles van hulle vaders geërf. Ook in Israel was hierdie seën, vir die eerste seun baie groot gewees.

Die Bybel vertel vir ons dat Jakob het die seëninge van die eersgebore seun op 'n bedrieglike wyse bekom, maar hy het daarna verlang om God se seëninge te ontvang. Totdat hy eintlik seëninge ontvang het, moes hy baie soorte probleme oorkom. Hy moes van sy broer wegvlug. Hy het vir sy oom, Laban, vir twitig jaar gewerk. Terwyl hy vir hom gewerk het, moes hy daarmee vrede maak dat hy vrylik bedrieg en verkul het.

Toe Jakob na sy tuisdorp teruggekeer het, het hy in lewensgevaar verkeer, omdat sy broer steeds vir hom kwaad was. Jakob moes deur hierdie moeilikhede gaan, omdat hy die slu natuur gehad het, om sy eie voordeel of baat te soek.

Maar omdat hy God meer as ander gevrees het, het hy sy ego en "eie-ek" vernietig, gedurende hierdie tye van beproewinge. Dus, het hy uiteindelik God se seëning ontvang en die nasie van Israel was deur sy twaalf seuns gevorm.

Agtergrond van die Uittog en Verskyning van Moses

Waarom het die Israeliete as slawe in Egipte gelewe?

Jakob, die vader van Israel, het sy elfde seun, Josef, voorgetrek. Josef was uit Ragel, vir wie Jakob baie liefgehad het, gebore. Dit het Josef se half-broers se jaloesie laat toeneem, en uiteindelik was Josef in Egipte as 'n slaaf verkoop.

Josef het God gevrees en met opregtheid opgetree. Hy het God in alles geken, en in net dertien jaar nadat hy in Egipte verkoop was, het hy die regeerder, na die koning, oor al die lande in Egipte geword.

Daar was 'n ernstige droogte in die Nabye Ooste, en met Josef se toestemming, het Jakob en sy familie na Egipte verhuis. Omdat Egipte met behulp van Josef se wysheid van die ernstige droogte gered was, het Farao en die Egiptenare sy familie uitsonderlik goed behandel, en aan hulle die land Gosen gegee.

Na die verloop van baie generasies het die Israeliete weens getalle begin heers. Die Egiptenare het bedreig gevoel. Aangesien dit honderde jare na Josef se afsterwe was, het hulle alreeds van Josef se genade vergeet.

Na alles, het die Egiptenare begin om die Israeliete te vervolg en van hulle slawe gemaak. Die Israeliete was gedwing om harde arbeid te verrig.

Verder, om die bevollkingsaanwas van die Israeliete te verhoed, het Farao die Hebreeuse vroedvroue beveel om alle nuutgebore seuntjies dood te maak.

Moses, die leier van die Uittog, was in hierdie donker tyd gebore.

Sy moeder het gesien dat hy pragtig was en het hom vir drie maande weggesteek. Toe die tyd aangebreek het, dat sy hom nie meer langer kon wegsteek nie, het sy hom in 'n biesiemandjie langs die oewer van die Nylrivier geplaas.

Op daardie stadium, het die prinses van Egipte na die Nylrivier gekom om daar te bad. Sy het die mandjie gesien en wou die baba vir haar neem. Moses se suster het dopgehou van wat gebeur het, en sy het vir Jochebed, Moses se biologiese moeder, as kinderoppasser aanbeveel. Op hierdie wyse is Moses deur sy eie moeder grootgemaak.

Natuurlik, het hy van Abraham, Isak en Jakob se God, asook van die Israeliete geleer.

Deur in die paleis van Farao groot te word, het Moses baie soorte kennis opgedoen, wat hom as 'n leier sou toerus. Terselfdertyd het hy baie van sy eie mense en van God geleer. Sy liefde vir beide God en vir sy mense het ook toegeneem.

God het vir Moses as die leier van die Uittog gekies, en sedert sy geboorte het hy geleer om leierskap en kontrole te beoefen.

Moses en Farao

Eendag, was daar in Moses se lewe 'n draaipunt. Hy was altyd oor sy mense, die Hebreërs, bekommerd en was angstig oor hulle harde werk en lyding as slawe. Eendag, het hy gesien dat 'n Egiptenaar 'n Hebreeuse man slaan. Hy kon nie sy humeur beteuel nie, en het die Egiptenaar doodgemaak. Uiteindelik het Farao daarvan gehoor, en Moses moes van hom wegvlug.

Moses moes veertig jaar in die Midian Woestyn as 'n skaapwagter deurbring. Dit was alles God se voorsiening om hom as die leier van die Uittog voor te berei. Gedurende die 40 jaar wat hy sy skoonpa se skape in die woestyn opgepas het, het hy volkome die waardigheid as 'n prins van Egipte versaak, en 'n baie nederige man geword.

Dit was eers na dit alles wat God vir Moses geroep het, as die leier van die Uittog.

Toe sê Moses vir God, "Wie is ék dat ek dit by Farao sou waag en dat ék die Israeliete uit Egipte sou bevry?" (Eksodus 3:11)

Aangesien Moses vir veertig jaar net skape opgepas het, het

hy geen selfvertroue gehad nie. God het ook sy hart geken, en hy Homself het vir hom baie tekens gewys, soos om 'n kierie in 'n slang te verander, en hom na Farao te laat gaan en om God se gebooie na die volk te neem.

Moses het homself volkome verneder en was instaat om God se bevel te gehoorsaam. Maar Farao, anders as Moses, was baie hardkoppig met 'n verharde hart.

'n Man met 'n verharde hart verander nie, selfs nadat hy baie werke van God gesien het. In die baie bekende gelykenis wat Jesus in Matteus 13:18-23 vertel, oor die vier soorte van velde, 'n verharde hart val onder die kategorie van die 'kant van die pad.' Die kant van die pad is baie hard, omdat mense daarop loop. Diegene wie hierdie soort hart het, verander nie, selfs nadat hulle die werke van God gesien het.

In daardie tyd het die Egiptenare baie sterk karakters soos leeus gehad. Hulle regeerder, Farao, het alle mag gehad en homself as 'n god beskou. Die mense het hom ook gedien, asof hy 'n god was.

Moses het met die mense oor God gepraat, wie hierdie soort van kulturele begrip het. Hulle het niks geweet omtrent die God waarvan Moses gepraat het, en wie die Farao sou beveel om die Israeliete te laat gaan. Dit was duidelik moeilik vir hulle om na Moses te luister.

Hulle het groot voordeel deur die arbeid van die Israeliete

geniet, dus was dit nog moeiliker om dit te aanvaar.

Vandag ook, is daar mense wie slegs hulle eie kennis, roem, mag of rykdom as die beste beskou. Hulle soek slegs hulle eie voordeel en glo slegs in hulle eie vermoëns. Hulle is verwaand en hulle harte is verhard.

Farao en die Egiptenare se harte was verhard. Dus het hulle nie God se wil gehoorsaam, soos deur Moses oorgedra nie. Hulle was tot die einde ongehoorsaam, en uiteindelik is hulle vernietig.

Natuurlik, selfs hoewel Farao se hart verhard was, het God nie groot plae vanaf die begin toegelaat nie.

Soos gesê, "Genadig en barmhartig is die Here, lankmoedig en vol liefde" (Psalm 145:8), God het vir hulle baie keer Sy krag deur Moses getoon. God wil hê, dat hulle Hom erken en Hom gehoorsaam. Maar Farao het selfs sy hart verder verhard.

God, wie die hart en denke van elke persoon sien, het vir Moses dit vertel en hom laat weet wat Hy alles gaan doen.

"Maar Ek sal Farao harkoppig maak, sodat Ek baie tekens en wonders in Egipte kan doen. Hy sal wel nie na julle luister nie, maar dan sal Ek Egipte my mag laat ervaar: met groot reddingsdade sal Ek die stamme van my volk Israel uit Egipte bevry. As Ek Egipte tref, sal hulle besef dat Ek die Here is, en dan sal Ek Israel tussen hulle uit laat trek" (Eksodus 7:3-5).

Farao se Verharde Hart en Tien Plae

Gedurende die hele proses van die Uittog, kan ons baie keer die uitdrukking, "Die Here het Farao se hart verhard" (Eksodus 7:3) vind.

Letterlik, lyk dit asof God doelbewus Farao se hart verhard het, en iemand kan dit misverstaan dat God soos 'n diktator is. Dit is egter nie die waarheid nie.

God wil hê dat elkeen saligheid bereik (1 Timoteus 2:4). Hy wil hê dat selfs die persoon met die verhardste hart die waarheid moet besef, en saligheid bereik.

God is die God van liefde; Hy sou nooit doelbewus Farao se hart verhard het, om sodoende Sy glorie te openbaar nie. Ook, deur die feit dat God vir Moses herhaaldelik na Farao gestuur het, kan ons verstaan dat God wou hê dat Farao en enigiemand anders hulle harte moes verander en Hom gehoorsaam wees.

God doen alles sodoende, in liefde, binne geregtigheid, volgens die woord in die Bybel.

Indien ons kwaad doen en nie na die woord van God luister nie, sal die vyandige duiwel ons beskuldig. Dit is waarom ons toetse en beproewinge deurmaak. Diegene wie die woord van God gehoorsaam en in regverdigheid lewe, sal seëninge ontvang.

Mense kies hulle handelinge uit hulle eie vrye wil. God onderskei nie wie gaan seëninge ontvang en wie sal nie. Indien God nie 'n God van liefde en regverdigheid was nie, kon hy reg aan die begin 'n groot plaag oor Egipte gebring het, om Farao tot oorgawe te dwing.

God verlang nie 'gedwonge gehoorsaamheid' wat uit vrees voortspruit nie. Hy verlang dat mense hulle harte oopmaak en Hom uit vrye wil sal gehoorsaam.

Eerstens, Hy laat ons Sy wil verstaan, en wys vir ons Sy krag sodat ons gehoorsaam kan wees. Maar wanneer ons ongehoorsaam is, begin Hy met klein rampe om ons toe te laat om tot die besef te kom, en dit veroorsaak dat ons onsself weer kan vind.

Die Almagtige God ken mense se harte; Hy weet wanneer sondes geopenbaar word, hoe ons sondes kan verwerp en hoe om die oplossings vir ons probleme te kry.

Selfs vandag nog lei Hy ons op die beste weë en sluit die beste metodes in, om as heilige kinders van God na vore te kom.

Van tyd tot tyd laat Hy toetse en beproewinge toe, wat ons kan oorkom. Dit is die weg vir ons om die kwaad in ons te vind en dit te verwerp. Wanneer ons siel voorspoedig is, laat Hy alles met ons goed gaan, en gee vir ons goeie gesondheid.

Farao het nogtans nie sy kwaad verwerp, toe dit blootgelê was nie. Hy het sy hart verhard en aangehou om die woord van God te verontagsaam. Omdat God hierdie verharde hart van Farao geken het, het Hy hierdie verharde hart van Farao deur die plae laat openbaar. Dit is waarom die Bybel sê, "Die HERE het Farao se hart verhard."

'Deur 'n verharde hart te besit' beteken oor die algemeen, dat iemand eiewys en hardkoppig van karakter is. Maar die verharde hart wat in die Bybel met betrekking tot Farao opgeteken is, is nie alleenlik om God se woord te verontagsaam deur sondigheid, maar ook om teen God standpunt in te neem.

Soos vroeër vermeld, het Farao 'n self – georiënteerde lewe gelei, deur homself selfs as 'n god te beskou. Alle mense het hom gehoorsaam en hy het vir niks gevrees nie. Indien hy goedhartig was, sou hy in God geglo het, nadat hy die kragtige werke gesien het wat deur Moses geopenbaar was, al het hy nie vir God voorheen geken nie.

Byvoorbeeld, Nebukadnesar van Babilon wie van 605 tot 562 vC gelewe het, het nie van God geweet nie, maar nadat hy die krag van God gesien het, soos deur Daniël se drie vriende, Sadrag, Mesag en Abednego geopenbaar, het hy vir God erken.

Toe sê Nebukadnesar: "Aan die God van Sadrag, Mesag en

Abednego kom die eer toe, Hy wat sy engel gestuur het en sy dienaars gered het. Hulle het op hulle God vertrou en het die koninklike bevel verontagsaam en hulle was bereid om hulle lewe te verloor eerder as om enige god behalwe húlle God te dien of te aanbid. Daarom vaardig ek 'n bevel uit dat enige persoon, van watter volk, nasie of taalgroep hy ook is, wat met minagting praat oor die God van Sadrag, Mesag en Abednego, in stukke gekap moet word en dat sy huis 'n puinhoop gemaak moet word. Daar is immers geen ander god wat in staat is om so te red nie" (Daniël 3:28-29).

Sadrag, Mesag en Abednego het as gevangenes na 'n nie-Joodse land op 'n baie jong ouderdom gegaan. Maar om God se gebooie te gehoorsaam, het hulle nie voor 'n afgod gebuig nie. Hulle was in 'n gloeiende smeltoond gegooi. Hulle was egter ongedeerd, selfs geen haar van hulle het geskroei nie. Toe Nebukadnesar dit sien, het hy die lewende God dadelik erken.

Hy het nie alleenlik die Almagtige God erken, toe hy die werk van God gesien het wat enige mens se vermoë oorskry nie; Hy het ook voor sy mense aan God glorie gegee.

Farao, egter, het nie vir God erken, selfs nadat hy Sy kragtige werke gesien het nie. Hy het sy hart selfs meer verhard. Eers nadat hy nie weens een of twee plae gely het, maar na al tien, het hy die

Israeliete laat trek.

Maar omdat sy verharde hart basies onveranderd was, was hy spyt dat hy die Israeliete laat gaan het. Hy het hulle met sy weermag agtervolg, en uiteindelik het hy en sy weermag in die Rooi See gesterf.

Die Israeliete Was Onder God se Beskerming

Terwyl die hele land gely het weens die straf van die plae aan hulle opgelê, het die Israeliete nie weens die plae gely nie, alhoewel hulle in dieselfde Egipte was. Dit was omdat God Sy spesiale beskerming oor die land Gosen voorsien het, waar die Israeliete gewoon het.

Indien God ons beskerm, kan ons veilig wees, selfs gedurende groot rampe en kwellings. Selfs al kry ons 'n siektetoestand of ondervind probleme, kan ons deur God se krag genees word en dit oorkom.

Dit is nie omdat hulle gelowig en regverdig was, dat die Israeliete beskerm was nie. Hulle was beskerm as gevog van die feit dat hulle God se uitverkore mense was. Anders as die Egiptenare, het hulle God gedurende hulle lydingstye gesoek, en omdat hulle Hom erken het, kon hulle onder Sy beskerming wees.

Op dieselfde wyse, selfs al het ons steeds mates van sondigheid, net deur die feit dat ons kinders van God geword het, kan ons beskerm word teen die rampe wat oor ongelowiges kan kom.

Dit is omdat ons deur die bloed van Jesus Christus van ons sondes vergewe is, en kinders van God geword het; daarom, is ons nie langer kinders van die duiwel, wat beproewinge en rampe oor ons bring nie.

Verder, soos wat ons geloof groei, sal ons die Here se Heilige Dag heilig hou, sondes verwerp, en die woord van God gehoorsaam, en daarom, kan ons God se liefde en seëninge ontvang.

Gehoorsaam die gebooie en voorskrifte wat die Here jou vandag deur my gee. Dit sal tot jou voordeel wees. (Deuteronomium 10:13)

Hoofstuk 2

Lewe van Ongehoorsaamheid en Plae

Eksodus 7:8-13

Verder het die Here vir Moses en Aäron gesê: "As Farao vir julle sê: 'Doen bietjie 'n wonderteken,' moet jy vir Aäron sê: Vat jou kierie en gooi dit voor Farao neer dat dit 'n groot slang word.'" Toe Moses en Aäron by Farao kom, het hulle gedoen wat die Here beveel het: Aäron het sy kierie voor Farao en sy amptenare neergegooi en dit het in 'n groot slang verander. Farao roep toe ook sy manne bymekaar wat dié soort ding ken, sy goëlaars. Dié Egiptiese towenaars doen toe met hulle towerkunste presies dieselfde: soos elkeen sy kierie neergooi, verander dit in 'n groot slang. Maar toe sluk Aäron s'n hulle s'n in! Tog het Farao koppig gebly en nie aan hulle versoek gehoor gegee nie, net soos die Here vooraf gesê het

Karl Marx het God verwerp. Hy het kommunisme op die basis van materialisme tot stand gebring. Sy teorie het daartoe gelei dat baie mense God verlaat het. Dit het gelyk asof die hele wêreld spoedig kommunisme sou aanneem. Maar kommunisme het binne 100 jaar misluk.

Net soos wat kommunisme tot 'n val gekom het, het Marx ook gely as gevolg van dinge in sy persoonlike lewe weens geestesongesteldheid, en die vroeë dood van sy kinders.

Friedrich W. Nietzsche, wie gesê het dat God dood is, het baie mense beïnvloed, om teen God in opstand te kom. Maar spoedig, het hy vreesbevange geword en uiteindelik het hy 'n tragiese dood gesterf.

Ons kan sien dat diegene wie teen God in opstand kom en Sy woord verontagsaam, ly weens probleme wat soos plae is, terwyl hulle ellendige lewens lei.

Verskille tussen Plae, Proewe, Toetse en Beproewinge

Ongeag gelowiges of nie, maar alle mense staar sommige soorte probleme in hulle lewens in die gesig. Dit is omdat ons lewens in God se voorsiening van die menslike ontwikkeling ontwerp is, om ware kinders te verkry.

God het vir ons net goeie dinge voorsien. Maar aangesien sonde in die mense gekom het, as gevolg van Adam se sonde, het hierdie wêreld onder die beheer van die vyandige duiwel en Satan gekom. Vanaf daardie tyd verder, het mense begin ly weens verskeie probleme en droefhede.

As gevolg van haat, toorn, gierigheid, verwaandheid en owerspelige gedagtes het mense begin sonde doen. Ooreenkomstig die ernstigheid van die sonde, het hulle begin ly weens alle soorte toetse en proewe wat deur die vyandige duiwel en Satan opgelê was.

Wanneer hulle baie moeilike situasie ervaar, sê mense dat dit 'n ramp is. Ook, wanneer gelowiges moeilike dinge beleef, gebruik hulle dikwels die terminologie 'toets,' 'beproewing,' of 'proef.'

Die Bybel sê ook, "Dit is egter nie al nie. Ons verheug ons ook in die swaarkry, want ons weet: swaarkry kweek volharding, en volharding kweek egtheid van geloof, en egtheid van geloof kweek hoop" (Romeine 5:3-4).

Ooreenkomstig of elkeen volgens die waarheid lewe of nie, en ooreenkomstig tot watter mate van geloof elkeen het, kan hulle rampe of plae, toetse of beproewinge genoem word.

Byvoorbeeld, wanneer 'n mens geloof het, en nie volgens die woord waarna hy/sy al die tyd geluister het handel nie, kan God hom/haar nie teen lydings van baie soorte probleme beskerm nie. Dit kan 'n 'beproewing' genoem word. Verder, indien hy sy geloof versaak en in onwaarheid handel, sal hy weens plae en rampe ly.

Ook, veronderstel 'n persoon luister na die Woord en probeer om dit te beoefen, maar leef nie op die oomblik volkome volgens die Woord nie. Dan, moet hy in die proses wees om teen sy sondige nature te worstel. Wanneer 'n mens baie soorte probleme teëkom en teen die sondes worstel tot die punt van bloedstorting, sê die Bybel dat hy ly weens proewe of hy is gedissiplineerd. Naamlik, baie soorte probleme wat hy teëkom, word 'proewe' genoem.

'n 'Toets' is ook 'n geleentheid om vas te stel, hoeveel iemand se geloof gegroei het. Dus, aan diegene wie probeer om volgens die woord te lewe, daar is proewe en toetse wat volg. Indien 'n persoon van die waarheid wegvlug en God vertoorn, sal hy ly as gevolg van 'n 'beproewing' of 'n 'plaag.'

Oorsake van Plae

Wanneer 'n persoon opsetlik sondes pleeg, moet God Sy gesig van hom wegdraai. Dan, kan die vyandige duiwel en Satan plae oor hom bring. Plae kom tot die mate, waartoe iemand die woord van God verontagsaam het.

Indien hy nie omdraai, maar aanhou sondig nadat hy as gevolg van plae gely het, sal hy weens groter plae ly, soos in die geval van die Tien Plae in Egipte. Maar indien hy sy sondes bely en terugkeer, sal die plae spoedig, deur God se genade weggaan.

Mense ly weens plae as gevolg van hulle sonde, maar ons kan

twee groepe mense vind tussen diegene wie ly.

Een groep kom na God en probeer berou toon en draai weg deur die plae. Aan die ander kant, die ander groep kla steeds voor God en sê, "Ek het ywerig die kerk bygewoon en gee offergawes, so waarom moet ek weens die plae ly?"

Die resultate sal heeltemal verskillend van mekaar wees. In die eersgenoemde geval, sal die plae weggeneem word en God se genade sal oor hulle kom. Maar in die laasgenoemde geval, besef hulle nie eers hulle probleem, dus sal ernstiger plae oor hulle kom.

Tot die mate wat 'n mens kwaad in sy hart het, is dit vir hom moeilik om sy fout te herken en terug te draai. So 'n persoon het so 'n verharde hart dat hy nie sy hart se deur oopmaak, selfs nadat hy die evangelie gehoor het nie. Selfs indien hy gelowig word, faal hy daarin om die woord van God te verstaan; hy het net kerk bygewoon, maar nie homself verander nie.

Daarom, indien jy weens plae ly, moet jy besef dat daar iets onbehoorlik in God se oë was, en vinnig daarvan moet wegbeweeg en van die plaag wegkom.

Geleenthede deur God Gegee

Farao het die woord van God, soos deur Moses aan hom oorgedra, verwerp. Hy het nie teruggedraai toe kleiner plae toegepas was nie, dus moes hy weens ernstiger plae ly. Toe hy aanhou om te sondig, deur God te verontagsaam, het sy hele land verswak en was nie in staat om te herstel nie. Hy het uiteindelik 'n tragiese dood gesterf. Hoe dwaas was hy!

Daarna het Moses en Aäron na Farao toe gegaan en gesê: "So sê die Here die God van Israel: Laat my volk gaan om tot My eer 'n fees in die woestyn te vier" (Eksodus 5:1).

Toe Moses vir Farao gevra het om die Israeliete te laat gaan, ooreenkomstig God se woord, het Farao dadelik geweier.

Maar Farao het geantwoord, "En wie is die Here nogal dat ek na Hom sal luister om Israel te laat gaan? Ek ken die Here nie, en ek sal Israel nie laat gaan nie!" (Eksodus 5:2).

"Die God van die Hebreërs het Hom aan ons geopenbaar. Laat ons asseblief drie dagreise die woestyn in trek om 'n offer vir ons God, die Here, te bring, anders tref Hy ons dalk met die pes of die swaard" (Eksodus 5:3).

Toe Farao die woorde van Moses en Aäron gehoor het, het hy op 'n onredelike wyse die mense van Israel beskuldig, dat hulle lui is en aan enigiets anders as hulle werk dink. Hy het hulle met 'n hoër graad van wrede werk vervolg. Die Israeliete het voorheen strooi ontvang om stene mee te vervaardig, maar nou moes hulle nog steeds dieselfde aantal stene maak, sonder om strooi te ontvang. Dit was nie maklik vir die Israeliete om die aantal stene te maak, selfs met die ontvangs van die strooi, maar nou het Farao gestop om die strooi te voorsien. Ons kan sien hoe 'n verharde hart Farao gehad het.

Met die toename van hulle werkslas, het die Israeliete teenoor Moses begin kla. Maar God het weer vir Moses na Farao gestuur, om vir hom die tekens te wys. God het vir Farao, wie die woord van God verontagsaam het, 'n kans gegee om berou te toon, deur God se krag te openbaar.

Toe Moses en Aäron by Farao kom, het hulle gedoen wat die Here beveel het: Aäron het sy kierie voor Farao en sy amptenare neergegooi en dit het in 'n groot slang verander (Eksodus 7:10).

Deur Moses, het God 'n slang met 'n kierie gemaak, om die lewende God, wie hy nie geken het, aan Farao te bevestig.

Geestelik, verwys 'slang' na Satan, en waarom het God 'n slang met die kierie gemaak?

Die grond waarop Moses gestaan het, asook die kierie het aan hierdie wêreld behoort. Hierdie wêreld behoort aan die vyandige duiwel en Satan. Om hierdie feit te simboliseer, het God 'n slang gemaak. Dit is om vir ons te sê, diegene wie nie in God se oë reg is nie, sal altyd die werke van Satan ontvang.

Farao het vir God geopponeer, en dus kon God hom nie seën nie. Dit is waarom God 'n slang laat verskyn het, dit verteenwoordig Satan. Dit was so voorsien dat daar werke van Satan sal wees. Die volgende plae soos plae van bloed, paddas en muggies was alles deur Satan se werke.

Daarom, 'n kierie wat in 'n slang verander, is 'n vlak waar sommige klein dingetjies plaasvind, sodat 'n sensitiewe mens dit kan voel. Hulle mag selfs gekenmerk word, as blote toevalligheid. Dit is 'n stadium waar daar eintlik geen werklike skade is nie. Dit is 'n geleentheid deur God gegee, vir iemand se berou.

Farao Bring die Towenaars van Egipte

Toe Farao sien dat Aäron se kierie in 'n slang verander, het Farao sy wyse manne en towenaars van Egipte ontbied.

Hulle was towenaars in die paleis en het baie kultoertjies en towerkuns voor die koning vir vermaak uitgevoer. Hulle het in die posisies as amptenare, deur hulle towerkuns gekom. Ook, omdat hulle dit van hul voorouers geërf het, was hulle eintlik met daardie soort geaardheid gebore.

Selfs vandag, gaan sommige kulkunstenaars voor baie mense deur die Groot Muur van China, of laat die Standbeeld van Vryheid verdwyn. Ook, sommige mense het hulleself vir 'n lang periode met Joga opgelei, om op 'n dun tak te kan slaap, of om vir baie dae in 'n emmer te bly.

Sommige van hierdie towerwerke is slegs misleiding van die oë. Nietemin, hulle lei hulleself op om verbasende dinge te doen. Dus, hoe kragtiger moes die towenaars nie wees, aangesien hulle voor die koning vir baie geslagte optree! Vernaamlik, in hulle geval, hulle kon hulleself ontwikkel, sodat hulle kontak met die bose geeste kon hê.

Sommige towenaars in Korea het kontakte met bose geeste, en hulle dans op baie skerp grassnyerlemme sonder om enigsins seer te kry. Die towenaars van Farao het ook met die bose geeste kontakte, daarom kon hulle baie verbasende dinge vertoon.

Die towenaars in Egipte het hulleself vir 'n baie lang periode opgelei, en deur sinsbedrog en kullery, gooi hulle 'n kierie neer en laat dit voorkom, asof dit 'n slang is.

Diegene Wie Nie Die Lewende God Erken Nie

Toe Moses sy kierie neergegooi het, om 'n slang te maak, het Farao vir 'n oomblik gedink, daar is 'n God, en die God van Israel is die ware God. Maar nadat hy gesien het, die towenaars maak 'n slang, het hy nie in God geglo nie.

Die slange wat deur die towenaars gemaak was, was deur die slang wat van Aäron se kierie gemaak was opgevreet, maar hy het gedink dat dit bloot toevallig was.

In geloof, is daar geen toeval nie. Maar in die geval van 'n nuwe gelowige, wie nou net die Here aangeneem het, is daar baie werke van Satan om hom te verhinder, om in God te glo. Dan, dink baie mense daaraan as 'n soort toevalligheid.

Ook, sommige gelowiges wie nou net die Here aangeneem het, ontvang met behulp van God oplossings vir hulle probleme. Aan die begin, erken hulle God se krag, maar met verloop van tyd, dink hulle dit was bloot toevallig.

Net soos Farao die werk van God aanskou het om 'n kierie in 'n slang te verander, maar nie vir God erken nie, is daar mense wie nie die lewende God erken, maar dit net alles as toevallig beskou, selfs nadat hulle die werke van God ervaar het.

Sommige mense glo volkome in God deur net God se werk eenmalig te ervaar. Sommige ander sal aan die begin God erken maar later, dink hulle die probleme is opgelos deur hul eie vermoë, kennis, en ervaring of met behulp van die bure, en ag God se werk as toevallig.

Dus, God kan nie anders as om Sy gesig vanaf hulle weg te draai nie. Gevolglik, die probleem wat reeds opgelos was, mag weer verskyn.

In die geval van 'n siekte wat reeds genees was, mag dit weer na vore kom, of dit mag dalk ernstiger wees. In die geval van 'n probleem in 'n besigheid, mag groter probleme as in die verlede te voorskyn kom.

Wanneer ons God se antwoord net as toevallig beskou, sal dit ons verder vanaf God verdryf. Dan, kan dieselfde probleem weer opduik, of ons kan selfs in moeiliker situasies verval.

Op dieselfde wyse, omdat Farao die werke van God as net toevallig beskou het, begin hy nou weens regte plae ly.

Tog het Farao koppig gebly en nie aan hulle versoek gehoor gegee nie, net soos die Here vooraf gesê het (Eksodus 7:13).

Hoofstuk 3

Plae van Bloed, Paddas en Muggies

Eksodus 7:20, 8:19

Toe het Moses en Aäron gedoen presies wat die Here hulle beveel het. Aäron het sy kierie opgelig en voor die oë van Farao en sy amptenare op die Nyl se water geslaan, en al die water het in bloed verander (Eksodus 7:20).

Verder sê die Here vir Moses: "Sê vir Aäron: Swaai jou kierie oor die kanale, riviere en moerasse. Laat daar paddas kom oor Egipte." Aäron swaai toe sy kierie oor al die water van Egipte en toe kom die paddas: Egipte was oortrek van hulle (Eksodus 8:5-6).

Daarna het die Here vir Moses gesê: "Sê vir Aäron: Swaai jou kierie en slaan op die grond dat daar muggies oor die hele Egipte kom." Hulle twee het toe so gemaak. Aäron het die kierie geswaai en op die grond geslaan, en mens en dier was oortrek van die muggies. In die hele Egipte het elke krieseltjie stof 'n muggie geword (Eksodus 8:16-17).

Toe sê die towenaars vir Farao: "Dit is die vinger van God!" Maar Farao het koppig gebly. Hy het nie aan Moses-hulle se versoek gehoor gegee nie, net soos die Here vooraf gesê het (Eksodus 8:19).

God het vir Moses gesê dat Farao se hart verhard sal word, en dat hy sal weier dat die Israeliete kan gaan, selfs nadat hy gesien het dat die kierie in 'n slang verander. Toe het God vir Moses breedvoerig vertel wat om te doen.

Gaan môre vroeg na Farao toe; hy sal juis op pad wees water toe. Gaan wag vir hom langs die Nyl, met die kierie wat in 'n slang verander het, in jou hand (Eksodus 7:15).

Moses het vir Farao, wie na die Nyl gestap het, ontmoet. Moses het die woord van God aan hom oorgedra, terwyl hy die kierie wat in 'n slang verander het, in sy hand vashou.

Sê dan vir Farao: 'Die Here die God van die Hebreërs het my na jou toe gestuur met die opdrag dat jy my volk moet laat gaan om My in die woestyn te dien, maar tot nou toe het jy nie gehoor gegee nie. So sê die Here: Deur wat nou gaan volg, sal jy weet dat Ek die Here is.' Jy moet ook vir Farao sê: Met hierdie kierie in my hand sal ek op die Nyl se water slaan, en dit sal in bloed verander. Dan sal die vis in die Nyl vrek, en dit sal so stink dat die Egiptenaars nie die water sal kan drink nie (Eksodus 7:16-18).

Plae van Bloed

Water is iets wat ons na aan die hart lê, en hou direk verband met ons lewe. Sewentig persent van die menslike liggaam bestaan uit water; dit is absoluut lewensnoodsaaklik vir alle lewende dinge.

Vandag, in die lig van die toenemende wêreldbevolking en die ekonomiese ontwikkeling, is daar baie lande wat swaarkry, as gevolg van 'n watertekort. Die Verenigde Nasies het die 'Wêreld Waterdag' vasgestel, om lande te herinner aan die belangrikheid van water. Dit is om die mense aan te moedig, om die beperkte waterbronne doeltreffend aan te wend.

In antieke China, het hulle 'n waterbeheer minister gehad. Ons kan maklik orals water rondom ons sien, maar somtyds slaag ons nie daarin, om die relatiewe belangrikheid daarvan te besef nie.

Wat se groot probleem sal dit nie wees, indien die land se water in bloed verander! Farao en die Egiptenare is deur so 'n verbasende gebeurtenis getref. Die Nyl het in bloed verander.

Maar Farao het sy hart verhard en nie na God se woord geluister nie, omdat hy gesien het dat sy towenaars ook water in bloed verander.

Moses het die lewende God aan hom tentoongestel, maar Farao het dit net as toevallig beskou en dit ontken. Dus, tot die mate wat ons kwaad het, kom 'n plaag oor ons.

Moses en Aäron het presies gedoen soos die HERE hulle beveel het. Ten aanskoue van Farao en sy diensknegte het Moses die kierie opgelig en op die water in die Nyl geslaan, en al die water in die Nyl het in bloed verander.

Toe, moes die Egiptenare rondom die Nyl grawe, om drinkwater te bekom. Dit was die eerste plaag.

Geestelike Betekenis van die Plaag van Bloed

Dus, wat is die geestelike betekenis wat in die plaag van bloed saamgevat is?

Die grootste gedeelte van Egipte is woestyn en wildernis. Daarom, Farao en sy mense moes tot 'n groot mate ly, aangesien hulle drinkwater in bloed verander het.

Nie alleenlik het die drinkwater en water vir daaglikse gebruik sleg geraak, maar die vis in die water het ook gevrek, wat 'n walglike reuk veroorsaak het. Die ongemak was geweldig.

Die betekenis van die plaag van bloed verwys geestelik na die lyding wat deur dinge veroorsaak word, wat direk aan ons daaglikse lewe verwant is. Dit is die dinge wat irreterend en pynlik is, afkomend van die naaste mense rondom ons, soos familielede, vriende en kollegas.

Met verwysing na ons Christelike lewe, kan hierdie plaag iets wees soos vervolgings of toetse komende vanaf ons intiemste vriende, ouers, familielede of bure. Natuurlik, diegene met 'n groter mate van geloof sal dit makliker oorkom, maar hulle met min geloof sal ly weens die groot pyn, as gevolg van die vervolgings en toetse.

Proewe Kom Oor Diegene Wie Sonde Het

Daar is twee kategorië wanneer ons proewe in die gesig staar.

Eerstens is die proef wat kom, wanneer ons nie volgens God se woord lewe nie. Op hierdie stadium, indien ons vinnig berou toon en wegdraai, sal God die proef wegneem.

Jakobus 1:13-14 sê, "Iemand wat in versoeking kom, moet nooit sê: 'Ek word deur God versoek' nie; want God kan nie verlei word nie, en self verlei Hy niemand nie. Maar 'n mens word verlei deur sy eie begeertes wat hom aanlok en saamsleep."

Die rede waarom ons probleme ondervind, is omdat ons deur ons begeertes saamgesleep word en nie volgens God se woord lewe nie, en daarvandaan af bring die vyandige duiwel proewe oor ons.

Tweedens, somtyds probeer ons om in ons Christelike lewe getrou te wees, maar beleef steeds proewe. Dit is die ontwrigtende werke van Satan wat probeer, dat ons ons geloof moet versaak.

Indien ons in hierdie geval skik, sal die probleme groter word, en ons sal nie instaat wees om seëninge te ontvang nie. Sommige mense verloor hulle bietjie geloof wat hulle gehad het, en keer na die wêreld terug.

In elk geval, in beide gevalle word dit veroorsaak, omdat ons kwaad in ons het. Dus, moet ons ywerig die sondige vorme in ons vasstel, en van hulle wegdraai. Ons moet gelowig bid en ons dank betuig. Dan, kan ons die proewe oorkom.

Net soos wat Moses se slang die towenaars se slange ingesluk het, is Satan se wêreld ook onder God se beheer. Toe God vir Moses aan die begin geroep het, het Hy vir hom 'n teken gegee, waar 'n kierie in 'n slang verander en weer na 'n kierie terug verander (Eksodus 4:4). Dit simboliseer die feit dat selfs al kom 'n toets oor jou deur Satan se werke, indien ons ons geloof toon, deur volkome op God te vertrou, sal God alles terug na normaal herstel.

Aan die ander kant, indien ons skik, is dit nie geloof nie, en kan ons nie God se werke ervaar nie. Indien ons 'n proef teëkom, moet ons volkome op God vertrou en die werk van God sien, waar Hy die proef met Sy krag wegneem.

Alles is onder God se beheer. Dus, of dit klein of groot is, met enige soort toets, indien ons volkome op God vertrou en Sy woord gehoorsaam, sal die proef ons nie pla nie. God Homself sal die probleem oplos en ons in alles voorspoedig lei.

Maar die belangrike ding is dat, indien dit 'n klein plaag is, kan ons maklik herstel, maar in die geval van 'n groot plaag is dit nie maklik om heeltemal te herstel nie. Daarom, ons moet altyd onsself met die woord van waarheid kontroleer, vorms van kwaad verwerp, en volgens die woord van God lewe, sodat geen plae oor ons kom nie.

Toetse Vir Mense van Geloof Is vir die Doel van Seëninge

Somtyds, is daar uitsonderlike gevalle. Selfs hulle met groot geloof mag toetse teëkom. Die apostel Paulus, Abraham, Daniël en sy drie vriende, en Jeremia het almal toetse deurloop. Selfs Jesus was driekeer deur die duiwel versoek.

Eweneens, die toets wat oor diegene met geloof kom, is vir seëninge. Indien hulle juig, dankbetuig en volkome op God vertrou, sal die toets in seëninge verander en hulle kan glorie aan God gee.

Dus, is dit moontlik vir daardie wie geloof het om met toetse slaags te raak, omdat hulle seëninge kan ontvang, deur dit te oorkom. Nogtans, hulle sal nooit 'n plaag ervaar nie. Plae kom oor die mense wie foute en vergissings in die oë van God begaan.

Byvoorbeeld, die apostel Paulus was so baie keer vir die Here se onthalwe vervolg, maar deur die vervolgings het hy groot krag ontvang, sodat hy 'n beslissende rol in die evangelisering van die Romeinse Ryk as die apostel van die nie-Jode gespeel het.

Daniël het nie met die sondige mense, wie jaloers op hom was, geskik oor hulle planne nie. Hy het nie opgehou bid, maar net die regverdige weg bewandel. Uiteindelik, was hy in die leeukuil gegooi, maar het ongedeerd daarvan afgekom. Hy het groot glorie aan God gegee.

Jeremia het getreur en die mense met trane gewaarsku, wanneer sy mense voor God gesondig het. Hieroor was hy geslaan en in die gevangenis gesit. Maar selfs in 'n situasie waar Jerusalem deur Nebukadnesar van Babilon oorwin was, en baie mense doodgemaak en ander as gevangenes geneem was, was Jeremia gered en goed deur daardie koning behandel.

Met geloof, het Abraham die toets geslaag om sy seun, Isak, te offer, sodat hy God se vriend genoem kon word. Hy het sulke groot seëninge in gees en liggaam ontvang, dat selfs die koning van 'n nasie hom met waardigheid ontvang het.

Soos reeds verduidelik, in die meeste gevalle kom proewe oor jou as gevolg van vorme van kwaad wat ons het, maar daar is ook uitsonderlike gevalle waar mense van God toetse oor hulle geloof ontvang. Die gevolg hiervan, is seëning.

Die Plaag van Paddas

Selfs sewe dae nadat die Nyl in bloed verander het, het Farao se hart verder verhard. Aangesien sy towenaars ook water in bloed kan verander, het hy geweier dat die mense van Israel kan gaan.

As die koning van 'n nasie, moes Farao vir die ongemak van

sy mense gesorg het, wie gely het as gevolg van die water tekort, maar hy het nie regtig omgegee nie, omdat sy hart verhard was.

As gevolg van Farao se verharde hart, was die tweede plaag aan Egipte opgelê.

Die Nyl sal wemel van die paddas. Hulle sal uitspring en in jou paleis kom, in jou slaapkamer, op jou bed, in jou amptenare se huise, tussen jou mense, in jou bakoonde en in jou skottels. Die paddas sal op jou en op jou mense en al jou amptenare spring (Eksodus 8:3-4).

Net soos wat God vir Moses gesê het, toe Aäron sy kierie oor die waters van Egipte geswaai het, toe kom die paddas: Egipte was oortrek van hulle. Tog het die towenaars met hulle towerkunste dieselfde gedoen en ook paddas oor Egipte laat kom.

Behalwe in Antartika, is daar meer as 400 verskillende soorte paddas wêreldwyd. Hulle grootte wissel van 2.5 cm tot 30 cm.

Sommige mense eet paddas, maar gewoonlik is mense verras of voel walglik wanneer hulle paddas sien. Paddas het uitpuilende oë, sonder 'n stert. Hulle agterbene het pote met swemvliese terwyl hulle vel altyd nat is. Al hierdie dinge veroorsaak 'n soort ongemaklike gevoel teenoor hulle.

Nie net 'n paar daarvan nie, maar die hele land was bedek

met ontelbare paddas. Hulle het op eetkamertafels gesit, in slaapkamers en op die beddens rondgespring. Die mense kon selfs nie dink om 'n maaltyd te geniet of 'n bietjie in vrede te gaan rus nie.

Geestelike Betekenis van die Plaag van Paddas

Wat, is dan die geestelike betekenis wat in die plaag van die paddas saamgevat is?

Die Boek Openbaring 16:13 het 'n uitdrukking, "drie bose geeste kom wat soos paddas lyk." Paddas is een van die verfoeilike diere, en geestelik verwys dit na Satan.

Die paddas gaan in die paleis van die koning en na die huise van amtenare en mense. Dit beteken die plaag was op dieselfde wyse, oor almal opgelê, ongeag hulle sosiale posisies.

Ook, die feit dat die paddas op die beddens gaan, beteken dat daar probleme tussen mans en vrouens kan ontstaan.

Byvoorbeeld, veronderstel die vrou is 'n gelowige en die man is nie, maar die man het 'n buite-egtelike verhouding. Dan, wanneer hy uitgevang word, gee hy 'n verskoning soos, "Dit is omdat jy gedurig kerk bywoon."

Indien die vrou haar man dan glo, wie die kerk vir hulle persoonlike probleme blameer en van God wegbly, dan is dit 'n probleem wat deur 'Satan in die slaapkamer' veroorsaak word.

Mense ervaar hierdie soort van plaag omdat hulle vorme van sonde het. Hulle kom voor asof hulle 'n goeie geloofslewe lei, maar wanneer hulle toetse ervaar, word hulle harte geruk. Hulle geloof en hoop vir die hemel verdwyn. Hulle vreugde en vrede verdwyn ook, en hulle vrees om na die werklikhied van die situasie te kyk.

Maar indien hulle waarlik hoop vir die hemel en liefde vir God het, asook ware geloof het, sal hulle nie ly as gevolg van probleme wat hulle op hierdie aarde moet deurgaan nie. Hulle sal dit eerder oorkom, en seëninge begin ontvang.

Die paddas het in die bakoonde en deegskottels ingegaan. Die deegskottels verwys na ons daaglikse brood, en die bakoonde na ons werkplek of besighede. Dit as 'n geheel beteken Satan werk in mense se families, werkplekke, besighede en selfs in die daaglikse voedsel, so almal word in moeilike en spanningsvolle situasies geplaas.

In hierdie soort situasies oorkom sommige mense nie die proef nie en dink, "Hierdie proewe kom na my oor my geloof in Jesus," en dan gaan dit na die wêreld terug. Dit moet die weg na saligheid en die ewige lewe verlaat.

Maar indien hulle die feit erken dat die probleme oor hulle kom, omdat daar 'n gebrek aan geloof, en vorme van sonde is, en dit dan bely, dan sal Satan se ontwrigtende werke weggaan, en

God sal hulle help om die probleme te oorkom.

Indien ons ware geloof het, sal geen proef of plaag vir ons 'n probleem wees nie. Selfs indien ons 'n proef ervaar, en ons juig en gee dank, en waaksaam is en bid, kan alle probleme opgelos word.

Hierna roep Farao vir Moses en Aäron en sê: "Julle moet tot die Here bid dat Hy die paddas van my en my mense af wegvat. Dan sal ek die volk laat gaan dat hulle vir die Here kan gaan offer" (Eksodus 8:8).

Farao het vir Moses en Aäron gevra, om die paddas te verwyder, wat die hele land oortrek het. Deur middel van Moses se gebed, het die paddas gevrek, in die huise, in die binneplase en op die velde.

Die mense het dit hope-hope bymekaargehark, en die land het daarvan gestink. Nou het hulle verligting gekry. Maar nadat Farao die verligting gesien het, het hy sy mening verander. Hy het belowe dat hy die mense van Israel sal stuur, indien die paddas verwyder word, maar hy het net sy mening verander.

Maar toe Farao sien dat daar verligting gekom het, het hy weer onversetlik geword. Hy het nie aan Moses-hulle se versoek gehoor gegee nie, soos die Here vooraf gesê het (Eksodus 8:15).

'Om sy hart te verhard' beteken dat Farao hardkoppig was. Selfs nadat hy 'n reeks van God se werke gesien het, het hy nie na Moses geluister nie. As gevolg daarvan, was 'n volgende plaag opgelê.

Plaag van Muggies

God het vir Moses in Eksodus 8:16 gesê, "Sê vir Aäron: Swaai jou kierie en slaan op die grond dat daar muggies oor die hele Egipte kom."

Toe Moses en Aäron doen wat hulle beveel was, het die stof van die aarde muggies regdeur die hele Egipte geword.

Die towenaars het dieselfde probeer doen met hulle towerkunste, dié keer om muggies voort te bring, maar hulle kon nie. Hulle het uiteindelik besef, dat dit nie deur menslike krag gedoen kan word nie, en so teenoor die koning erken.

"Dit is die vinger van God!" (Eksodus 8:19).

Tot nou, kon die towenaars soortgelyke dinge doen, soos om 'n kierie in 'n slang te verander, water in bloed te verander en om paddas voort te bring. Maar hulle kon nie sulke dinge meer doen nie.

Uiteindelik, moes hulle ook God se krag erken, soos deur Moses uitgevoer. Maar steeds het Farao sy hart verhard en nie na

Moses geluister nie.

Geestelike Betekenis van die Plaag van Muggies

In Hebreeus word die term 'Kinim' in 'n verskeidenheid aantal woorde soos, 'luise, vlieë of muggies" vertaal. Sulke insekte is oor die algemeen klein insekte wat in vuil plekke lewe. Hulle kleef aan die mense en diere se liggame vas en suig bloed uit. Dit word gewoonlik in die hare, klere of pelse van diere gevind. Daar is meer as 3,300 verskillende soorte muggies.

Wanneer hulle bloed van die menslike liggaam uitsuig, is dit jeukerig. Dit mag ook sekondêre infeksie soos terugkerende koors of 'n uitslag tifuskoors (luiskoors) veroorsaak.

Vandag, in skoon stede kan ons nie maklik muggies vind nie, maar daar was baie sulke insekte wat op die menslike liggaam gelewe het, as gevolg van 'n gebrek aan higiëne.

Dus, wat is die plaag van muggies nou eintlik?

Die stof van die aarde verander in muggies. Stof is 'n baie klein ding wat deur ons asem weggeblaas kan word. Die groottes wissel van 3-4μm (mikrometer) tot 0.5 mm.

Net soos wat 'n amper onbeduidende ding soos stof lewende muggies word, om bloed te suig en probleme en lyding te veroorsaak, simboliseer die plaag van muggies die geval waarin klein dingeties wat op die oppervlakte soos niks was nie, skielik opskiet en groei tot groot probleme wat lyding en pyn veroorsaak.

Gewoonlik, is 'n gejeukery relatief minder pynlik as die pyne van ander siektes, maar dit is baie irriterend. Ook, omdat muggies in vuil plekke lewe, sal die muggies na plekke kom waar daar 'n vorm van kwaad is.

Byvoorbeeld, 'n klein twis tussen broers of tussen man en vrou, kan in 'n groot geveg ontwikkel. Wanneer hulle praat van 'n klein dingetjie wat in die verlede gebeur het, mag dit ook in 'n groot geveg ontwikkel. Dit is ook 'n plaag van muggies.

Wanneer sulke vorme van kwaad soos afguns en jaloesie in die hart opgroei en haat word, en jy daarin misluk om jou humeur te beteuel en vir iemand kwaad word, wanneer iemand se klein leuens in groot leuens ontwikkel, in 'n poging om hulle te versteek, is hierdie alles voorbeelde van die plaag van muggies.

Indien daar 'n verborge vorm van kwaad in die hart is, dan het die persoon in sy hart kwellinge. Hy mag voel dat 'n Christelike lewe moeilik is. 'n Klein ongesteldheid mag oor hom kom. Hierdie dinge is ook plae van muggies. Indien ons skielik koors of kouekoors het, of indien ons klein rusies en probleme het, moet ons vinnig na onsself kyk en betrou toon.

Nou, wat beteken dit dat die muggies op die diere was? Diere is lewende dinge en in daardie tyd, die hoeveelheid diere, tesame met grond was 'n maatstaf om te bepaal, hoe ryk 'n persoon was. Die koning, amptenare en mense het wingerde gehad, terwyl hulle hul kuddes opgebou het.

Vandag, wat is ons besittings? Nie slegs huise, grond, besighede of werkplekke, maar ook ons familielede behoort tot die kategorie van ons 'besittings.' En omdat diere lewende dinge is, verwys dit na familielede wie saamwoon.

'Muggies wat op mense en diere is' beteken dat as klein probleme groter word, nie net onsself nie, maar ook ons familielede sal ly.

Sulke voorbeelde is gevalle waar die kinders ly, as gevolg van hulle ouers se foute, of die man ly as gevolg van sy vrou se fout.

In Korea, ly baie kinders weens uitwendige velontsteking. Dit begin eers met 'n klein bietjie jeukery, en spoedig versprei dit na die hele liggaam wat uitskeidings van die veluitslag en sere veroorsaak.

In ernstige gevalle, sal sommige kinders se vel van kop tot tone bars om die uitskeiding te laat plaasvind. Waar hulle vel geskeur het, is dit met etter en bloed bedek.

Wanneer die ouers hulle kinders in hierdie soort situasie sien, word hulle baie hartseer oor die feit dat hulle nie regtig iets vir hulle kinders kan doen nie.

Ook, wanneer ouers kwaad word, ontwikkel klein kinders

somtyds skielik 'n koors. In baie gevalle, word siektes van klein kinders deur hulle ouers se foute veroorsaak.

In hierdie situasie, indien die ouers hulle lewens ondersoek en berou toon, omdat hulle nie hulle plig behoorlik nakom, of nie vrede met ander het nie, of wat ookal nie in God se oë reg is nie, sal die kinders spoedig genees word.

Ons kan sien dat dit ook God se liefde is, om toe te laat dat hierdie dinge gebeur. Die plaag van muggies kom oor ons wanneer ons vorme van kwaad het. Dus, moet ons nie die kleinste dingetjies as bloot toevallig beskou nie, maar die vorme van kwaad in ons ontdek, en vinnig berou toon en daarvan wegdraai.

Hoofstuk 4

Plae van Steekvlieë, Pessiekte en Pitswere

Eksodus 8:24, 9:10-11

"Die Here het dit toe gedoen. Groot swerms steekvlieë het in die paleis van Farao ingekom, in die huise van sy amptenare en oor die hele Egipte. Die land is daardeur lam gelê" (Eksodus 8:24).

"Die Here sal Sy mag toon met 'n baie swaar pes onder al jou vee in die veld: perde, donkies, kamele, beeste en kleinvee (Eksodus 9:3). Die volgende dag doen Hy dit toe ook, en al die vee van Egipte is dood, maar van die vee van die Israeliete is daar nie een dood nie (Eksodus 9:6).

"Hulle het toe roet uit 'n oond gevat en voor Farao gaan staan. Toe Moses dit in die lug opgooi, kom daar op mens en dier swere wat aanhoudend etter. Die towenaars kon Moses dit nie eens probeer nadoen nie, want hulle was vol swere. Die swere het op al die Egiptenaars uitgekom, ook op die towenaars" (Eksodus 9:10-11).

Die Egiptiese towenaars het God se krag erken, nadat hulle die plaag van die muggies gesien het. Maar Farao het steeds sy hart verhard en nie na Moses geluister nie. Die krag van God wat tot hiertoe geopenbaar was, was genoeg vir hom om in God te glo. Maar hy het net op sy eie krag en mag staatgemaak en homself as 'n god beskou, terwyl hy nie vir God gevrees het nie.

Die plae het voortgegaan, maar hy het nie berou getoon, maar slegs sy hart verder verhard. Dus, het die plae groter geword. Maar tot die punt waar hulle die plaag van die muggies gehad het, kon hulle dadelik herstel, indien hulle onmiddellik teruggedraai het. Maar by hierdie punt het dit toenemend moeiliker vir hulle geword, om te herstel.

Plaag van Steekvlieë

Moses het na Farao vroeg die volgende oggend, ooreenkomstig die woord van God gegaan. Hy het weereens die boodskap van God oorgedra, om die mense van Israel te laat gaan.

Daarna het die Here vir Moses gesê: "Staan môreoggend vroeg op en gaan wag vir Farao by die water. Hy sal juis op pad wees soontoe. Sê vir hom: So sê die Here: Laat My volk gaan om My te dien" (Eksodus 8:20).

Nietemin, het Farao nie na Moses geluister nie. Dit het veroorsaak dat die plaag van steekvlieë oor hulle gekom het, nie alleenlik in die paleis van Farao, en in die huise van die amptenare nie, maar regdeur die hele land van Egipte. Die land was vol van steekvlieë.

Steekvlieë is skadelik. Hulle dra siektes soos ingewandskoors, cholera, tuberkulose en melaatsheid oor. Die gewone huisvlieg kan enige plek broei, selfs op liggaamafval en uitskot. Hulle eet enigiets of dit afval of kos is. Hulle spysvertering is vinnig en hulle afvaluitskeiding is elke vyf minute.

Verskillende soorte patogeniese organismes mag op mense se voedsel agterbly of uitskeidings kan die menslike liggaam binnedring. Hulle bekke en pote is met 'n klewerige vloeistof bedek, wat ook patologiese organismes voortdra. Hulle is een van die grootste oorsake van aansteeklike siektes.

Vandag, het ons baie voorkomende voorsorgmaatreëls asook geneesmiddels in plek, sodat nie baie siektes meer deur vlieë oorgedra word nie. Maar lank gelede, wanneer 'n aansteeklike siekte uitgebreek het, het baie mense hulle lewens verloor. Ook, afgesien van aansteeklike siektes, wanneer vlieë op voedsel sit wat ons eet, sal dit moeilik wees om dit te eet, omdat dit nie skoon sal wees nie.

En nou het nie een of twee steekvlieë nie, maar ontelbare steekvlieë die hele land van Egipte bedek. Hoe pynlik moes dit nie vir die mense gewees het nie! Hulle moes bang gewees het, deur net die toneel rondom hulle waar te neem.

Die hele land van Egipte was benadeel deur die verskriklike swerms vlieë. Dit het beteken dat nie net die opstand van Farao, maar ook van alle Egiptenare, het oor al die gronde van Egipte uitgestrek.

Maar om 'n duidelike onderskeid tussen die Israeliete en die Egiptenare te maak, was daar geen vlieë na die land van Gosen gestuur, waar die Israeliete gewoon het nie.

Julle kan vir julle God gaan offer, maar hier in dié land! (Eksodus 8:25).

Voordat God die eerste plaag gestuur het, het Hy hulle beveel om aan Hom in die woestyn te gaan offer, maar Farao het aan hulle gesê om aan God binne Egipte te offer. Maar Moses het die voorstel verwerp, en vir hom die rede gegee.

Maar Moses antwoord: "Dit kan ons nie doen nie, want ons offers aan ons God, die Here, gee aanstoot aan die Egiptenaars. As ons nou hier voor hulle oë offers bring wat vir hulle aanstootlik is, sal hulle ons mos met klippe doodgooi! (Eksodus 8:26)

Moses het aanhoudend gesê, dat hulle die woestyn vir drie dae sal ingaan, net soos wat God beveel het. Farao het opgemerk en vir hom gesê, dat hy nie te ver moet gaan en ook vir hom gebid.

Moses het vir Farao gesê dat die vlieë net die volgende dag sal verdwyn, en vir hom gevra om getrou by sy woord te bly, sodat die mense van Israel maar kan gaan.

Maar nadat die vlieë na Moses se gebed verdwyn het, het Farao van mening verander en nie die mense van Israel laat gaan nie. Hierdeur kan ons verstaan hoe misleidend en slu hy was. Ons sien ook waarom hy voortdurend plae moes trotseer.

Geestelike Betekenis van die Plaag van Steekvlieë

Net soos wat vlieë van vuil plekke kom, en aansteeklike siektes oordra, indien die hart van 'n man sondig en onrein is, sal hy kwaadwillige woorde spreek, en daardeur veroorsaak dat verskeie siektes of probleme oor hom kom. Dit is die plaag van vlieë.

Hierdie soort van plaag, wanneer dit kom, kom dit nie net op homself nie, maar ook oor sy vrou/man en die werkplek.

Matteus 15:18-19 sê, "Maar wat by die mond uitkom, kom uit die hart, en dit is die dinge wat die mense onrein maak. Uit die hart kom slegte gedagtes: moord, owerspel, onkuisheid, diefstal, vals getuienis, kwaadpratery."

Wat ookal in 'n mens se hart is, kom uit deur die lippe. Uit 'n goeie hart, kom goeie woorde uit, maar uit 'n onrein hart, sal onrein woorde kom. Indien ons onwaarhede, geslepenheid, haat en woede in ons het, sal daardie soort woorde en dade uitkom.

Kwaadpratery, oordeel, veroordeling en vervloeking kom alles vanaf sondige en onrein harte. Dit is waarom Matteus 15:11 sê, "Dit is nie wat by die mond ingaan wat die mens onrein maak nie. Maar wat by die mond uitkom, dit maak 'n mens onrein."

Selfs ongelowiges sê dinge soos, "Woorde val soos sade," of "Wanneer jy die water uitgestort het, kan jy dit nie weer terugplaas nie."

Jy kan nie net kanselleer wat jy gesê het nie. Vernaamlik in die lewe van 'n Christen, die belydenis van die lippe is baie belangrik. Ooreenkomstig tot watter soort woorde jy sê, of dit positief of nagatief is, dit het vir jou verskillende gevolge.

Indien ons net gewone verkoue of 'n eenvoudige aansteeklike siekte het, behoort dit tot die kategorie van die plaag van muggies. So, indien ons dadelik berou toon, kan ons herstel. Maar in die geval van plae van vlieë, kan ons nie dadelik herstel, selfs al toon ons berou. Aangesien dit deur groter kwaad, as in die geval van die plaag van muggies veroorsaak word, sal ons die vergelding moet verduur.

Daarom, indien ons met die plaag van die vlieë gekonfronteer word, moet ons terugkyk en deeglik berou toon, oor die kwaadwilliglike woorde en dinge soos dit. Slegs nadat ons berou getoon het, kan die probleem opgelos word.

In die Bybel kan ons mense vind wie as gevolg van hulle kwaadwilliglike woorde vergelding ontvang het. Dit was die geval met Mikal, 'n dogter van Koning Saul en vrou van Koning Dawid. In 2 Samuel hoofstuk 6, toe die Ark van die HERE God na die stad van Dawid teruggebring was, was Dawid so verheug dat hy voor almal gedans het.

Die Ark van die HERE was 'n simbool van God se teenwoordigheid. Dit was deur die Filistyne geneem, gedurende die tyd van die rigters maar was herwin. Dit kon nie in die tabernakel bly nie, en het vir sewentig jaar tydelik in Kiriath-jearim gebly. Nadat Dawid die troon bestyg het, was hy daartoe instaat, om die Ark na die tabernakel in Jerusalem te verskuif. Hy was so in die wolke daaroor.

Nie slegs Dawid, maar al die mense van Israel het saam gejuig en God geprys. Maar Mikal, wie veronderstel was om saam met haar man te juig, het net op die Koning neergekyk en hom verag.

"Hoe waardig het die koning van Israel hom vandag gedra! Hy het hom heeldag voor die slavinne van sy onderdane ontbloot soos 'n onbeskaamde mens wat hom sommer ontbloot." (2 Samuel 6:20)

Wat het Dawid toe gesê?

Hy het vir Mikal geantwoord: "Voor die Here wat my verkies het bo jou pa en sy familie deur my aan te stel as heerser oor Israel, die volk van die Here, ja, voor die Here sal ek dans. Ek sal myself nog geringer ag as dit en nederig wees in my eie oë deur my by die slavinne van wie jy praat, waardig te gaan gedra." (2 Samuel 6:21-22)

En nadat Mikal sulke kwaadwillige woorde gespreek het, het

sy tot haar dood nie 'n kind gehad nie.

Eweneens, mense pleeg so baie sondes met hulle lippe, maar hulle besef nie dat hulle woorde sondes is nie. As gevolg van die onregverdigheid op hulle lippe, kom die vergeldings van hulle sondes oor hulle werkplekke, besighede en families, maar hulle besef nie regtig waarom nie. God vertel ook vir ons omtrent die woorde se belangrikheid.

'n Slegte mens stel vir homself 'n strik met sy opruiende woorde; wie reg doen, ontkom uit die nood. 'n Mens kan voorspoedig word deur altyd die regte woorde te gebruik, of hy kan die vrug geniet van wat hy met sy hande doen (Spreuke 12:13-14).

'n Mens kan voorspoedig word deur altyd die regte woorde te gebruik; onbetroubare mense is net uit op geweld. Wie sy mond in bedwang hou, behou sy lewe; wie sy mond nie kan hou nie, gaan sy ondergang tegemoet (Spreuke 13:2-3).

Die tong het mag oor dood en lewe; dié wat lief is om te praat, sal die gevolg dra (Spreuke 18:21).

Ons moet besef, watter soorte gevolge die sondige woorde wat oor ons lippe kom veroorsaak, sodat ons net positiewe woorde sal spreek, woorde van regverdigheid en lig, en belydenis van geloof.

Plaag van Pessiekte

Selfs nadat hy weens die plaag van vlieë gely het, het Farao nog steeds sy hart verhard en geweier dat die Israeliete gaan. Toe, het God toegelaat dat die plaag van pessiekte plaasvind.

Op daardie stadium het God vir Moses gestuur, voordat Hy die plaag losgelaat het. Hy het Moses gestuur om Sy wil oor te dra.

As jy weier om hulle te laat gaan en hulle bly vashou, sal die Here Sy mag toon met 'n baie swaar pes onder al jou vee in die veld: perde, donkies, kamele, beeste en kleinvee. Die Here sal onderskeid maak tussen die vee van Israel en dié van Egipte: daar sal nie 'n enkele stuk vee van die Israeliete vrek nie (Eksodus 9:2-4).

Om hulle te laat besef dat dit nie toevallig was nie, maar 'n plaag wat deur God se krag gebring word, het Hy 'n defnitiewe tyd vasgestel en gesê, "Môre sal die Here dit in Egipte laat gebeur." Op hierdie wyse het Hy aangehou om vir hulle geleenthede te gee, om berou te toon.

Indien hy God se krag selfs net 'n klein bietjie erken het, dan sou Farao sy mening verander het, en nie meer verder weens enige ander plae gely het nie.

Maar hy het nie sy mening verander nie. As gevolg daarvan het die pessiekte oor hulle gekom, en die diere wat in die veld was– perde, donkies, kamele, die beeste en die vee–het gevrek.

Aan die ander kant, nie een van die Israeliete se lewende hawe het gevrek nie. God het hulle laat besef dat God lewe en Hy vervul Sy woord. Farao was deeglik van hierdie feit bewus, maar hy het steeds sy hart verhard en nie sy denkwyse verander nie.

Geestelike Betekenis van die Plaag van Pessiekte

Pessiekte is enige siekte wat vinnig versprei, en groot getalle mense en diere doodmaak. Nou, het alle lewende hawe in Egipte gevrek, en ons kan onsself voorstel watter groot skade was dit gewees.

Byvoorbeeld, die Swart Dood van die Bubonic Plaag, wat gedurende die veertiende eeu in Europa geheers het, was eintlik 'n epidemie wat met diere soos eekhorinkies en rotte gebeur het. Maar dit het na mense versprei, deur vlieë wat so baie sterftes veroorsaak het. Aangesien dit aansteeklik was en die mediese wetenskap was nog nie so goed ontwikkel nie, het dit baie mense se lewens geëis.

Die lewende hawe soos die troppe beeste en perde, en die kuddes skape en bokke was 'n groot deel van die mense se rykdom. Dus, die lewende hawe simboliseer die besittings van Farao, die amptenare en die mense. Lewende hawe is lewendige dinge, en in vandag se terme, verwys dit na ons familielede, kollegas en vriende wie saam met ons in ons huise bly, en in ons werkplekke of besighede is.

Die oorsaak van die pessiekte oor die lewende hawe van Egipte, was Farao se sondigheid. Daarom, die geestelike betekenis van die plaag van pessiekte, is dat siektes oor ons familielede sal kom, indien ons sonde ophoop en God Hom van ons wegdraai.

Byvoorbeeld, wanneer ouers God verontagsaam, mag hulle geliefde kinders 'n siekte kry wat moeilik genees word. Of, as gevolg van die man se sondigheid, kan sy vrou siek word. Wanneer hierdie soort plaag oor ons kom, moet nie net ons alleen terugkyk nie, maar ook al die familielede moet saam berou toon.

Vanaf Eksodus 20:4 en verder, word gesê dat die vergelding van afgode-aanbidding, tot by die derde en vierde geslagte oorgedra kan word.

Natuurlik, die God van liefde sal nie in al die gevalle net straf nie. Indien die kinders goedhartig is, vir God aanneem en in geloof lewe, sal hulle geen plae ervaar as gevolg van hulle ouers se sondes nie.

Maar, indien die kinders meer sonde ophoop, bo en behalwe die sonde wat hulle van hul ouers oorgeërf het, sal hulle die gevolge van die sondes ervaar. In baie gevalle, daardie kinders wie in families gebore word, wat ernstig afgodes aanbid, word gebore met oorgeërfde onvermoëns of het geestelike afwykings.

Sommige mense het gelukbringers teen die mure van hulle huise vasgeplak. Sommige ander aanbid afgode van Boeddha, en plaas weer hulle name in Boeddistiese Tempels. In hierdie ernstige soort van afgodery, selfs indien hulle hulself nie mag ly weens plae nie, sal hulle kinders probleme ondervind.

Daarom, die ouers moet altyd in die waarheid lewe, sodat hulle sondes nie na hulle kinders oorgedra word nie. Indien enige van die familielede 'n siekte kry, wat moeilik geneesbaar is, moet hulle vasstel of dit nie deur hulle sondes veroorsaak was nie.

Plaag van Pitswere

Farao het die dood van die lewende hawe in Egipte dopgehou, en iemand gestuur om te sien wat in die land Gosen gebeur, waar die Israeliete gewoon het. Anders as in al die ander lande van Egipte, het geen van Gosen se lewende hawe gevrek nie.

Selfs na die ervaring van God se onloënbare werk, het Farao nie verander nie.

Farao het navraag gedoen en jou werklik waar, nie 'n enkele stuk van die Israeliete se vee is dood nie. Tog was Farao steeds onversetlik: hy het die volk nie laat gaan nie (Eksodus 9:7).

Ten slotte, God het vir Moses en Aäron gesê, om vir hulleself handevol roet van 'n oond te neem, en laat Moses dit in die lug gooi, sodat Farao dit kan sien. Soos wat hulle gedoen het, wat God hulle vertel het, het dit uitgebreek in pitswere op mense en diere.

'n Pitsweer is 'n gesentraliseerde swelling en inflamasie van die vel, wat ontstaan van 'n infeksie as gevolg van 'n haarsaadhuisie en aangrensende weefsel, met 'n harde sentrale kern wat etter vorm.

In 'n ernstige geval, mag iemand chirurgie benodig. Sommige pitswere is groter as 10cm in deursnee. Dit ontwikkel 'n swelsel wat hoë koors en moegheid veroorsaak, sodat party mense selfs sukkel om te loop. Dit is so 'n pynlike ding.

Hierdie pitswere was op mense en diere, dat selfs die kulkunstenaars nie voor Moses as gevolg van die pitswere, kon staan nie.

In die geval van die peste, het slegs die lewende hawe gevrek. Maar in die geval van die pitswere, het nie alleenlik die diere, maar ook die mense gely.

Geestelike Betekenis van die Plaag van Pitswere

Pessiekte is 'n inwendige siekte, maar die pitsweer is uitwendig sigbaar, wanneer iets inwendig ernstiger geword het.

Byvoorbeeld, 'n klein kankersel sal opgroei, en uiteindelik uitwendig vertoon. Dit is dieselfde met serebrale beroerte of verlamming, longsiektes en VIGS.

Hierdie siektes word gewoonlik by mense met hardkoppige karakters gevind. Dit mag in party gevalle verskil, maar baie van hulle is baie kortgebonde, verwaand, onvergeeflik teenoor ander en dink hulleself is die beste. Ook, dring hulle aan op hulle eie menings en ignoreer ander. Dit is ook as gevolg van 'n gebrek aan liefde. Die plae kom weens hierdie redes.

Somtyds, mag ons wonder, "Hy lyk baie vriendelik en goed, waarom moet hy weens so 'n siekte ly?" Maar selfs al lyk 'n persoon uiterlik vriendelik, mag hy dalk nie regtig in God se oë so wees nie.

Indien hyself nie hardkoppig is nie, is dit moontlik omdat sy voorvaders groot sondes gepleeg het (Eksodus 20:5).

Wanneer die plaag kom, as gevolg van 'n familielid sal die probleem opgelos word, wanneer al die familielede saam berou toon. Hierdeur, indien hulle 'n vredeliewende en pragtige familie word, is dit vir hulle 'n seëning.

God beheer die lewe, dood, voorspoed en teenspoed van mense binne Sy geregtigheid. Dus, geen plaag of ramp vind sonder rede plaas nie (Deuteronomium 28).

Ook, selfs wanneer die kinders ly, as gevolg van die ouers of voorouers se sondes, is die fundementele oorsaak gewoonlik by die kinders self. Selfs indien die ouers afgode aanbid, en die kinders leef volgens God se woord, beskerm God hulle, dus plae sal nie oor hulle kom nie.

Die vergelding vir die sondes van voorvaderlike afgode-aanbidding of die van ouers kom oor die kinders, omdat die kinders self nie volgens die woord van God lewe nie. Indien hulle volgens die waarheid lewe, beskerm die God van regverdigheid hulle, sodat daar geen probleme sal wees nie.

Omdat God liefde is, beskou Hy een siel kosbaarder as die hele wêreld. Hy wil hê dat elke persoon saligheid moet bereik, in die waarheid lewe en die oorwinning in sy lewe behaal.

God laat plae vir ons toe, nie om ons tot selfvernietiging te dryf nie, maar om ons te lei dat ons ons sondes kan bely, en daarvan kan wegdraai, ooreenkomstig tot God se liefde.

Die plae van bloed, paddas en muggies was deur Satan se werke veroorsaak, en dit is relatief swak. Dus, indien ons berou toon en daarvan wegdraai, kan dit maklik opgelos word.

Maar die plae van steekvlieë, pessiekte en pitswere is ernstiger, omdat dit direk die liggaam aantas. Dus, in hierdie gevalle, moet ons ons hart oopskeur en baie deeglik berou toon.

Indien ons weens enigeen van hierdie plae ly, moet ons niemand anders daaroor blameer nie. In plaas daarvan, moet ons wys genoeg wees, om onsself op die woord van God toe te spits, en bely wat ookal in God se oë verkeerd was.

Hoofstuk 5

Plae van Hael en Sprinkane

Eksodus 9:23-24, 10:20

Toe Moses sy kierie in die lug opsteek, het die Here donderslae en hael gestuur, en die blitse het tot op die grond geslaan. Die Here het die haelstorm oor Egipte laat losbars. Die hael het geval; tussen die hael deur het die een blits op die ander gevolg, so erg soos dit nog nooit was vandat daar mense in Egipte woon nie (Eksodus 9:23-24).

Toe steek Moses sy kierie oor Egipte uit, en die Here het daardie hele dag en nag 'n oostewind laat waai wat die sprinkane aangebring het. Die volgende môre was hulle daar. Hulle het oor Egipte gekom en die hele land vol gesit, 'n yslike groot sprinkaanswerm, soos daar nog nooit tevore was nie en hierna ook nie weer sal wees nie (Eksodus 10:13-14).

Maar die Here het vir Farao weer koppig gemaak, en hy het die Israeliete nie laat gaan nie (Eksodus 10:20)

Daardie ouers wie regtig hulle kinders liefhet, sal nie weier om hulle te dissiplineer of 'n pakslae te gee nie. Dit is die begeerte van die ouers om hulle kinders te lei, in dit wat reg is.

Wanneer die kinders nie na die ouers se berisping luister nie, moet die ouers somtyds die rottang gebruik, sodat die kinders dit in die toekoms sal onthou. Maar die pyn in die ouers se harte, is groter as die kinders se fisiese pyn.

Die God van liefde draai ook somtyds Sy gesig weg, om 'n plaag of probleme toe te laat, sodat Sy geliefde kinders berou kan toon en daarvan wegdraai.

Plaag van Hael

God kon 'n groot plaag van die begin af gestuur het, om Farao te laat oorgee. Maar God is geduldig; Hy verdra vir 'n lang tyd. Hy het Sy krag gewys, en vir Farao en sy mense gelei om God te erken, deur met 'n klein plaag te begin.

Na regte moes Ek nou al My hand uitgesteek het en jou en jou mense met 'n pes van die aarde af uitgewis het. Daar is net een rede waarom Ek jou nog laat lewe, en dit is dat Ek jou my mag kan wys en my Naam daardeur oor die hele wêreld geroem kan word. Nog steeds hou jy jou groot teen My volk en laat jy hulle nie gaan nie. Môre hierdie tyd gaan Ek 'n verskriklike swaar haalstorm laat losbars soos daar nog nooit in die bestaan van Egipte was nie (Eksodus 9:15-18).

Die plae het erger en erger geword, maar Farao het homself steeds teenoor Israel verhef, deur hulle nie te laat gaan nie. Nou, het God die sewende plaag toegelaat, die plaag van hael.

God het vir Farao deur Moses laat weet, dat daar sulke hewige hael sou kom, wat sedert Egipte se ontstaan nog nie gesien was nie. En God het die geleenthede gegee, sodat die mense en diere in die veld binnekant kon skuiling soek. Hy het hulle vooraf gewaarsku dat indien enige mense of diere buitekant sou bly, hulle sekerlik deur die hael gedood sou word.

'n Aantal van Farao se diensknegte het die woord van God gevrees, en hulle onderdane gedwing om met hulle lewende hawe te vlug en om in hulle huise skuilplek te soek. Maar baie ander het steeds nie God se woord gevrees nie, en nie omgegee nie.

Maar dié wie hulle nie aan Sy woorde gesteur het nie, het hulle slawe en vee buite laat bly (Eksodus 9:21).

Die volgende dag het Moses sy kierie in die lug opgesteek, en God het donderslae en hael gestuur. Die vuur het tot op die grond geslaan. Dit sou sekerlik die mense, diere, bome en vrugte in die veld verwoes het. Hoe geweldig was die plaag nie!

Maar Eksodus 9:31-32 sê, "Die vlas- en garsoes is vernietig omdat die gars in die aar en die vlas in die knop was, maar die koring en die sorghum is nie vernietig nie, omdat dit later ryp word." So, die skade was gedeeltelik.

Al die lande van Egipte het gely, as gevolg van die hael met vuur, maar niks daarvan het in die land Gosen plaasgevind nie.

Die Geestelike Betekenis van die Plaag van Hael

Normaalweg, val hael sonder vooraf kennisgewing. Dit val gewoonlik nie oor 'n groot gebied nie, maar plaaslik op relatiewe klein areas.

Dus, die plaag van hael simboliseer dat 'n paar groot dinge in een deel plaasvind, maar nie in alle aspekte nie.

Daar was hael met vuur om mense en diere te dood. Die groente op die landerye was verwoes, sodat daar nie voedsel was nie. Dit is 'n geval van om groot skade aangaande iemand se welvarendheid, as gevolg van onverwagte ongelukke en gebeurtenisse, te ervaar.

Iemand mag 'n groot verlies in sy werkplek of besigheid, as gevolg van 'n brand ly. Iemand se familielede mag 'n siekte opdoen of in 'n ongeluk betrokke raak, en dit mag 'n fortuin kos om na om te sien.

Byvoorbeeld, beredeneer 'n persoon wie aan die Here getrou was, maar so op sy besigheid begin konsentreer het, dat hy 'n paar Sondae se eredienste nie bygewoon het nie. Later het hy ook geensins meer die Here se Dag geheilig nie.

As gevolg hiervan, kan God hom nie beskerm nie, en hy staar 'n baie groot probleem met sy besigheid in die gesig. Hy mag ook 'n onverwagse ongeluk of siekte, wat hom 'n fortuin mag kos, te wagte wees. Hierdie soort geval, is soos die plaag van hael.

Die meeste mense beskou hulle fortuin so kosbaar soos hulle lewens. In 1 Timoteus 6:10 word gesê, dat geldgierigheid is 'n wortel van allerlei kwaad. Dit is omdat die begeerte vir geld lei tot moorde, rooftogte, ontvoerings, geweld en baie ander misdade. Somtyds word verhoudings tussen broers verbreek, en geskille vind oor geld tussen bure plaas. Die hoofrede vir konflikte tussen lande is ook oor materiële voordele, aangesien hulle grond en hulpbronne soek.

Selfs sommige gelowiges kan nie die versoeking van geld weerstaan nie, dus hou hulle aan om die Here se Dag te ontheilig, of hulle gee nie hulle tiendes behoorlik nie. Aangesien hulle nie 'n behoorlike Christelike lewe lei nie, raak hulle al verder van saligheid verwyder.

Net soos wat hael die meeste voedsel vernietig, simboliseer die plaag van hael groot skade aan mense se rykdom, wat as so kosbaar soos hulle lewens beskou word. Maar, omdat hael net in beperkte areas val, gaan hulle nie hulle hele fortuin verloor nie.

Deur hierdie feit, kan ons ook God se liefde voel. Indien ons ons totale fortuin verloor, alles wat ons het, dan kan ons maar opgee en selfs selfmoord pleeg. Dit is waarom God eerstens net 'n deel aanraak.

Alhoewel dit slegs 'n deel is, is die omvang daarvan groot en betekenisvol genoeg, sodat ons uiteindelik tot 'n soort van besef kan kom. Vernaamlik, die hael wat oor Egipte geval het, was nie net klein stukkies ys nie. Dit was nogal groot, en die spoed daarvan, ook baie vinnig.

Selfs, in vandag se nuusberigte word gepraat van hael so groot soos gholfballe, dit veroorsaak verontrusting en verbaas baie mense. Die hael wat oor Egipte geval het, met gepaardgaande vuur, was weens die spesiale werk van God gewees. Dit was 'n baie angswekkende gebeurtenis.

Die plaag van hael het oor Egipte gekom, omdat Farao sonde op sonde opgehoop het. Indien ons verharde en hardkoppige harte het, mag ons ook dieselfde soort van plaag in die gesig staar.

Plaag van Sprinkane

Die bome en groente was vernietig, en die diere en selfs mense het as gevolg van die hael omgekom. Farao het uiteindelik sy fout erken.

Farao laat roep toe vir Moses en Aäron en sê vir hulle: "Nou erken ek ek was verkeerd. Die Here het reg, ek en my mense is skuldig" (Eksodus 9:27).

Farao het op 'n vinnige manier berou gehad, en vir Moses gevra om die hael te stop.

Bid tog tot die Here. Die donderslae en hael is vir ons te erg. Ek sal julle laat gaan. Julle hoef nie langer te bly nie (Eksodus 9:28).

Moses het geweet dat Farao steeds nie sy mening verander het nie, maar hom sodoende van die lewende God laat verstaan het, en dat die hele wêreld in Sy hande was, daarna het hy sy hande in die lug opgesteek.

Soos wat Moses verwag het, spoedig nadat die reën, donder en hael gestop het, het Farao sy gedagtes verander. Omdat hy nie vanuit die diepte van sy hart verander het, het hy sy hart weer verhard en die Israeliete nie laat gaan nie.

Farao se dienskgnegte het ook hulle harte verhard. Dan, het Moses en Aäron vir hulle vertel dat daar sal 'n plaag van sprinkane wees, soos God gesê het. Hulle was ook gewaarsku dat dit een van die grootste plae gaan wees, wat die wêreld ooit getref het.

Die land sal so toe wees onder hulle dat 'n mens nie die grond sal kan sien nie (Eksodus 10:5).

Slegs die dienskgnegte van Farao was bevrees, en het aan hulle koning gesê, "Laat hulle nou maar gaan om hulle God, die Here, te dien, maar net die mans. U sien tog dat Egipte te gronde gaan" (Eksodus 10:7)

Na die woorde van sy dienskgnegte het Farao weer vir Moses en Aäron laat roep. Moses het gesê: "Ons gaan almal, met ons jong manne en ons ou manne, met ons seuns en ons dogters, met ons kleinvee en ons grootvee, want ons moet vir die Here 'n fees gaan hou. Farao het gesê dat Moses en Aäron sondig is, en hulle weggejaag.

Ten slotte, het God die agtste plaag, die plaag van sprinkane toegelaat.

Daarna het die Here vir Moses gesê: "Steek jou hand uit oor Egipte dat daar sprinkane oor die land kan kom kom om elke groen sprietjie op te vreet wat van die hael oorgebly" (Eksodus 10:12).

Nadat Moses gedoen het wat God beveel het, het God daardie hele dag en nag 'n oostewind oor die land laat waai, wat die sprinkane aangebring het. Die volgende môre was hulle daar.
Die sprinkane was so verskriklik baie, dat die land donker geword het. Hulle het al die plante van Egipte, wat na die hael oorgebly het, opgevreet, tot geen groenigheid oorgebly het.

Ek het verkeerd gedoen teen God, die Here, en teen julle! Vergeef tog asseblief net hierdie keer my oortreding! Bid tot julle God, die Here, dat Hy hierdie dood afweer van my af" (Eksodus 10:16-17).

Toe hy sy bekommernis besef, het Farao vir Moses en Aäron vinnig ontbied, met die versoek om die plaag te laat ophou.
Nadat Moses uitgegaan het, om tot God te bid, het 'n sterk westewind gekom en al die sprinkane tot in die Rietsee geskep. En daar was geen sprinkane in die hele land van Egipte nie. Maar selfs na dit, het Farao sy hart verhard en die Israeliete nie laat gaan nie.

Die Geestelike Betekenis van die Plaag van Sprinkane

'n Enkele sprinkaan is slegs 'n klein insek, maar wanneer dit 'n groot swerm is, is dit verwoestend. In 'n oomblik was Egipte amper deur sprinkane verwoes.

Hulle het oor Egipte gekom en die hele land vol gesit, 'n yslike groot sprinkaanswerm, soos daar nog nooit tevore was nie en hierna ook nie weer sal wees nie. Die land was toe onder hulle en dit was donker. Hulle het elke groen sprietjie in die land opgevreet, en alles wat na die hael aan die bome oorgebly het. Daar het geen groenigheid aan 'n boom of 'n plant in Egipte oorgebly nie (Eksodus 10:14-15).

Selfs vandag nog, kan ons hierdie soort swerms in Afrika en Indië vind. Die sprinkane sprei tot so wyd as 40km en 8 km in diepte. Honderde miljoene van hulle kom soos 'n wolk en vreet nie alleenlik die gesaaides, maar al die plante en blare op; hulle laat geen groen plantegroei agter nie.

Na die plaag van hael, was daar steeds sekere dinge oor. Die koring en die spelt (soort koring) was nie verwoes nie, omdat dit eers later ryp word. Ook, sommige diensknegte van Farao wie die woord van God gevrees het, het hulle onderdane beveel om saam met hulle lewende hawe na huise en skuilpekke te vlug. Hulle was nie verdelg nie.

Sprinkane mag nie na baie lyk nie, maar hulle verwoesting is baie erger en groter as die plaag van hael. Hulle het selfs die dinge wat oorgebly het, opgevreet.

Daarom, die plaag van sprinkane verwys na die soort rampe, wat niks agterlaat nie, deur al iemand se rykdom en besittings weg te neem. Dit vernietig nie alleenlik families nie, maar ook werkplekke en besighede.

Anders as die plaag van hael wat net vir ons gedeeltelike skade veroorsaak, verwoes die plaag van sprinkane alles, en neem alle moontlike inkomstes daarmee weg. Met ander woorde, iemand sal volkome finansieel verwoes wees.

Byvoorbeeld, as gevolg van bankrotskap verloor iemand sy rykdom, en dan moet hy van sy familielede afgesonder word. Iemand mag ook ly, weens 'n langdurige siektetoestand, en sy hele rykdom verloor. Daar mag iemand anders kom, wie 'n klomp opgehoopte skuld het, as gevolg van sy kinders se foute.

Wanneer hulle aanhoudende rampe beleef, dink sommige mense dat dit 'n soort toeval kan wees, maar in God se oë is daar geen toeval nie. Wanneer iemand skade ly, of 'n siekte kry, moet daar 'n rede voor wees.

Wat beteken dit indien gelowiges hierdie soort van rampe, in die gesig staar? Wanneer hulle die woord van God hoor, en God se wil verstaan, moet hulle die woord eerbiedig. Maar indien hulle aanhou om soos ongelowiges te sondig, kan hulle nie hierdie plae vermy nie.

Indien hulle dit nie besef, wanneer God vir hulle 'n aantal kere tekens toon, sal God Sy gesig vanaf hulle wegdraai. Dan, mag 'n siekte in 'n pes ontwikkel, of swere mag uitbars. Later, mag hulle plae soos plae van hael of sprinkane ervaar.

Maar die wyse persone sal verstaan dat dit God se liefde is, wat hulle toelaat om hulle foute te besef, wanneer hulle klein rampe ervaar. Hulle sal vinnig berou toon, om groter plae te vermy.

Daar is 'n ware lewensverhaal. Iemand het weens 'n groot probleem gely, omdat hy vir God by geleentheid vertoorn het. Een dag, as gevolg van 'n vuur, het hy met groot skuld geëindig. Sy vrou kon nie die druk van die krediteure verder hanteer, en het probeer om selfmoord te pleeg. Na 'n tyd, het hulle God begin ken, en ook begin om die kerk by te woon.

Nadat hulle by my berading ontvang het, het hulle met gebede die woord van God gehoorsaam. Hulle het God verheerlik, deur vrywillige werk in die kerk te verrig. Daarna, was hulle probleme een vir een opgelos, en hulle het nie meer nodig gehad, om as gevolg van die krediteure te ly nie. Verder, hulle het al hulle skuld afbetaal. Hulle was selfs daartoe instaat om 'n kommersiële gebou op te rig, en om 'n huis te koop.

Nadat al hulle probleme opgelos was en hulle seëninge ontvang het, het hulle egter hulle harte verander. Hulle het die genade van God versaak, en weer soos ongelowiges geword.

Op 'n dag, het 'n gedeelte van die gebou wat haar man besit, as gevolg van vloedskade, ineengestort. Daar het ook nog 'n brand ontstaan, en hy het finansieel alles verloor. Nadat hulle weereens skuld gemaak het, moes hulle na hulle tuisdorp op die platteland teruggaan. Maar hy het ook diabetes gehad, met die gepaardgaande komplikasies.

    Soos in hierdie geval, indien ons met niks oorgelaat word, na al die probeerslae van die metodes met ons kennis en wysheid, moet ons voor God met 'n nederige hart gaan. Soos wat ons onsself weerspieël, oor die woord van God, ons sondes bely en terugdraai, sal die vorige dinge herwin word.

    Indien ons die geloof het om voor God te verskyn en alle sake voor God te openbaar, sal die God van liefde wie nie 'n geknakte riet breek nie, ons vergewe en ons herwin. Indien ons omdraai en in die lig lewe, sal God ons weereens tot voorspoed lei, en vir ons groter seëninge gee.

Hoofstuk 6

Plae van Duisternis en Dood van die Eersgeborenes

Eksodus 12:29-30

Moses het toe sy hand in die lug opgesteek, en drie dae lank was dit pikdonker oor die hele Egipte. Die mense kon mekaar nie sien nie en drie dae lank kon niemand iets uitrig nie, maar in al die woongebiede van die Israeliete was daar lig (Eksodus 10:22-23).

Om middernag het die Here elke eersgeborene van Egipte laat sterf, van die kroonprins af, die eersgeborene van Farao, tot by die eersgeborene van die krygsgevangene in die tronk, selfs die eerstelinge van die diere. Toe Farao, al sy amptenare en al die Egiptenare dié nag wakker word, het hulle almal bitterlik aan die huil gegaan, want daar was nie 'n enkele Egiptiese huis sonder 'n sterfgeval nie.

In die Bybel vind ons, dat wanneer baie mense probleme ondervind, toon hulle voor God berou en ontvang Sy hulp.

God het sy profeet na Koning Hezekiël van die Koninkryk van Juda gestuur en gesê, "Jy sal sterf en nie lewe." Maar die koning het ernstig in trane gebid, en sy lewe was verleng.

Ninevi was die hoofstad van Assirië, wat 'n vyandige land teenoor Israel was. Toe die mense daar die woord van God, deur Sy profeet hoor, het hulle deeglik berou van hulle sondes getoon en was nie vernietig nie.

Eweneens, God gee Sy genade aan diegene wie terugdraai. Hy soek na hulle wie Sy genade soek en gee aan hulle meer genade.

Farao het as gevolg van sy sonde, weens baie plae gely, maar hy het tot aan die einde nie teruggedraai nie. Hoe meer hy sy hart verhard het, hoe erger het die plae geword.

Die Plaag van Duisternis

Sommige mense sê dat indien hulle verloor, wil hulle nie lewe nie. Hulle glo in hulle eie krag. Farao was so 'n soort persoon. Hy het homself as 'n god beskou, en dit is waarom hy nie vir God wou erken nie.

Selfs nadat hy gesien het, dat die hele Egipte verwoes was, wou hy steeds nie die Israeliete laat trek nie. Hy het opgetree, asof hy met God meeding. Toe, het God die plaag van duisternis toegelaat.

Moses het toe sy hand in die lug opgesteek, en drie dae lank was dit pikdonker oor die hele Egipte. Die mense kon mekaar nie sien nie en drie dae lank kon niemand iets uitrig nie, maar in al die woongebiede van die Israeliete was daar lig (Eksodus 10:22-23).

Die duisternis was so dig, dat hulle mekaar nie kon sien nie. Niemand het vir drie dae opgestaan en rondbeweeg van waar hy was nie. Hoe kan ons die volle mate van vrees en ongemak weergee, wat hulle vir drie dae moes ervaar?

Die digte duisternis het al die gebiede van Egipte bedek, en die mense moes soos blindes rondbeweeg, maar in die land Gosen het die Israeliete lig in hulle huise gehad.

Farao het vir Moses laat roep en gesê, dat hy die Israeliete sal vrylaat. Maar, hy het vir Moses gesê, om slegs die vrouens en kinders saam te neem, maar julle kleinvee en julle grootvee moet hier agterbly. Eintlik was dit sy voorneme, om die Israeliete te behou.

Maar Moses het gesê, dat hulle die diere benodig om aan God te offer, en hulle kan nie party los nie, want hulle weet nog nie watter diere hulle aan God gaan offer nie.

Farao het kwaad geword en selfs vir Moses gedreig deur te sê, "Wanneer jy weer my gesig in die dag sien, sal jy sterf!"

Moses het dapper geantwoord, "Jy is reg; Ek sal nooit weer jou gesig sien nie!" daarna het hy uitgegaan.

Geestelike Betekenis van die Plaag van Duisternis

Die geestelike betekenis van die plaag van duisternis is geestelike duisternis, en dit verwys na die plaag net voor die dood.

Dit is 'n geval waarin 'n siekte so vererger het, dat die persoon nie kan herstel nie. Dit is die soort van plaag wat oor diegene kom wie nie berou toon, nadat hulle al hulle rykdom wat vir hulle soos hulle lewens is, verloor het.

Om op die drempel van die dood te staan, is soos om op 'n rotswand in totale duisternis te staan, en geen manier het om uit die verknorsing te kom nie. Geestelik, omdat iemand God verlaat het, en sy geloof volkome beëindig het, is God se genade van hom weggeneem en sy geestelike lewe kom tot 'n einde. Maar, God het steeds Sy medelye met hom en het nie sy lewe geneem nie.

In die geval van 'n ongelowige, mag 'n persoon hierdie soort situasie ervaar, omdat hy God nie aangeneem het, selfs nadat hy weens baie soorte rampe gely het. In die geval van gelowiges, is dit omdat hulle nie God se woord gehoorsaam, maar sonde op sonde ophoop.

Ons vind dikwels dat sommige mense fortuine spandeer op

die genesing van hulle siektes, maar steeds net wag om te sterf. Hulle is diegene wie deur die plaag van duisternis getref word.

Hulle ly ook weens senuprobleme soos, depressie, slaaploosheid en senu-ineenstortings. Hulle voel hopeloos met die voortsetting van hul daaglikse bestaan.

Indien hulle dit besef, berou toon, en van die sondes wegdraai, God het genade vir hulle en neem die rampspoedige angstigheid van hulle weg.

Maar in die geval van Farao, het hy sy hart sefs meer verhard, om God tot die einde te opponeer. Dit is vandag dieselfde. Sommige hardkoppige mense wend hulle nie tot God, ongeag watter soort probleme hulle ondervind. Wanneer hulle of hulle familielede deur ernstige siekte beperk word, of verlies van rykdom ervaar, en nou is hulle lewens in gevaar, wil hulle nie voor God berou toon nie.

Indien ons aanhou om teen God in opstand te kom, selfs in die middel van baie rampe, sal die plaag van die dood opgelê word.

Plaag van die Dood van die Eersgeborenes

God het Moses laat weet, wat gebeur volgende met die Uittog.

Die Here het toe vir Moses gesê: "Met nog een plaag sal Ek

vir Farao en Egipte tref, en dan sal hy julle hiervandaan laat gaan. Ja, hy sal julle onvoorwaardelik laat trek; hy sal julle selfs wegjaag hiervandaan. Gaan sê vir die volk elke man en vrou moet silwergoue goed van hulle Egiptiese bure eis" (Eksodus 11:1-2).

Moses was in 'n situasie waar hy selfs doodgemaak kon word, indien hy weer voor Farao sou verskyn, maar hy het voor Farao gaan staan om God se wil oor te dra.

En elke eersgeborene in Egipte sal sterwe, van die kroonprins af, die eersgeborene van Farao, tot by die eersgeborene van die slavin wat koring maal, ja, selfs al die eerstelinge van die diere. In die hele Egipte sal daar so gehuil en gerou word soos nog nooit tevore nie en ook nie later nie (Eksodus 11:5-6).

Toe soos wat gesê was, in die nag, het nie alleen Farao en sy diensknegte se eersgeborenes nie, maar almal in Egipte s'n; en al die lewende hawe gesterf.
Daar was in Egipte 'n groot hartseer, omdat daar geen huis was waar daar nie 'n eersgeborene gesterf het nie. Omdat Farao sy hart tot die einde verhard het, en nie omgedraai het, het die plaag van die dood selfs oor hulle gekom.

Geestelike Betekenis van die Plaag van die Dood van die Eersgeborene

Die plaag van die dood van die eersgeborene, verwys na 'n situasie waar 'n persoon homself, of sy geliefste een, moontlik sy kind, of een van sy familielede sterf, of op 'n manier totaal verwoes word, sonder om saligheid te ontvang.

Ons kan hierdie soort van geval, ook in die Bybel vind. Die eerste koning van Israel, Saul, het die woord van God, wie hom vertel het om alles in Amalek te vernietig, verontagsaam. Ook, hy het sy verwaandheid getoon, deur sy offerande aan God homself te offer, iets wat die priesters alleenlik kon doen. Uiteindelik, was hy deur God verlaat.

In hierdie soort van situasie, eerder as om sy sondes te besef en berou te toon, het hy probeer om sy getroue dienskneg, Dawid, te vermoor. Soos wat mense vir Dawid meer ondersteun het, het hy al dieper in sonde verval, en gedink dat Dawid teen hom in opstand sal kom.

Dus, selfs toe Dawid vir hom op die harp gespeel het, het Saul 'n swaard na hom gegooi, om Dawid te dood. Hy het ook vir Dawid na 'n slagveld gestuur, wat vir hom onmoontlik was om te wen. Hy het selfs soldate na Dawid se huis gestuur, om hom dood te maak.

Verder, net omdat hulle vir Dawid gehelp het, het hy die priesters van God doodgemaak. Hy het baie sondige dade opgehoop. Uiteindelik het hy die stryd verloor, en 'n ellendige dood gesterf. Hy het homself om die lewe gebring.

Wat omtrent die priester Eli en sy seuns? Eli was 'n priester in Israel gedurende die tyd van die rigters, en moes 'n goeie voorbeeld stel. Maar sy seuns Hofni en Pinehas was nikswerd mense, wie nie vir God geken het nie (1 Samuel 2:12).

Aangesien hulle vader 'n priester was, moes hulle werk verrig om God te dien, maar hulle het God se offerandes verfoei. Hulle het die vleis van die offerande-offer aangeraak, voordat dit vir God gegee was en selfs saam met die vroue geslaap, wie by die deuringang van die tent van samekoms diens gedoen het.

Indien die kinders die verkeerde pad loop, moet die ouers hulle vermaan, en indien hulle nie luister nie, moet die ouers strenger maatreëls instel, om hulle kinders te stop. Dit is die ouers se plig en ware liefde. Maar die priester, Eli, het slegs gesê, "Nee, waarom doen julle sulke dinge?"

Sy seuns het nie van hulle sondes weggedraai nie, en 'n vloek het oor sy familie gekom. Sy twee seuns het in 'n slagveld gesterf.

Nadat Eli die nuus verneem het, het hy van sy stoel afgeval, sy nek gebreek en gesterf. Ook, sy skoondogter het in 'n skoktoestand gegaan, met die vroeë geboorte van haar baba, en uiteindelik gesterf.

Net deur hierdie gevalle te sien, kan ons verstaan dat vloeke of tragiese sterftes, nie net sonder oorsaak gebeur nie.

Wanneer iemand 'n lewe van ongehoorsaamheid lei, staar hy of sommige familielede die dood in die gesig. Sommige mense keer na God terug, nadat hulle sulke sterftes gesien het.

Indien hulle nie terugdraai, selfs nadat hulle die plaag van die eersgeborene se dood ervaar het nie, kan hulle nie tot in alle ewigheid gered word nie. Dit is die grootste plaag. Daarom, alvorens enige plae kom, of indien die plaag reeds gekom het, met julle julle sonde bly, voordat dit te laat is.

In Farao se geval, eers nadat hy weens al tien plae gely het, het hy vir God met vrees erken, en die mense van Israel laat gaan.

Dieselfde nag nog het Farao vir Moses en Aäron laat roep en gesê: "Gee pad onder my mense uit, julle twee en al die ander Israeliete! Gaan dien die Here soos julle gevra het! Vat julle kleinvee en julle grootvee soos julle gevra het, en trek! En bid dan dat dit met my ook goed mag gaan" (Eksodus 12:31-32).

Deur die Tien Plae, het Farao duidelik sy verharde hart getoon, en was gedwing om die Israeliete vry te laat. Maar hy was spoedig spyt daaroor. Hy het weer sy mening verander. Hy het sy hele weermag en strydwaens van Egipte geneem en die Israeliete agtervolg.

Farao het sy strydwa laat inspan en sy leër saam met hom

gevat. Hy het sy ses honderd beste strydwaens gevat, asook al die ander Egiptiese strydwaens, elkeen met 'n bemanning van drie. Die Here het vir Farao, die koning van Egipte, koppig gemaak sodat hy die Israeliete agtervolg het, maar die Israeliete het onder die beskerming van God verder getrek (Eksodus 14:6-8).

Dit was goed genoeg om aan God oor te gee, nadat hy die dood van die eersgeborenes ervaar het, maar hy was spoedig spyt dat hy die Israeliete laat gaan het. Hy het sy weermag geneem, om hulle te agtervolg. Deur dit te sien, kan ons besef hoe verhard en slu kan 'n mens se hart wees. Ten slotte, het God hom nie vergewe nie, en geen ander keuse gehad as om hulle in die waters van die Rooi See te laat sterf nie.

Maar die Here het vir Moses gesê: "Steek jou hand uit oor die see sodat die water oor die Egiptenaars, oor hulle strydwaens en bemanning kan stroom." Moses steek toe sy hand oor die see uit. Teen dagbreek het die see teruggestroom oor sy bodem en die Egiptenaars het hulle teen die water vasgevlug: die Here het hulle deur die see laat meesleur. Toe die water terugstroom, was die strydwaens en bemanning, die hele leërmag van Farao wat agter die Israeliete aan die see in is, tóé onder die water. Daar het nie een van hulle oorgebly nie (Eksodus 14:26-28).

Selfs vandag, sal sondige mense smeek vir 'n geleentheid,

wanneer hulle in 'n moeilike posisie is. Maar wanneer hulle egter 'n geleentheid gebied word, sal hulle tot hulle sonde terugkeer. Wanneer sonde op hierdie wyse voortgaan, sal hulle uiteindelik die dood ervaar.

Lewe van Ongehoorsaamheid en Lewe van Gehoorsaamheid

Daar is een belangrike ding wat ons baie duidelik moet verstaan; dit is dat wanneer ons verkeerd opgetree het en dit besef, moet ons nie nog verdere kwaad by die bestaande kwaad voeg nie, maar die weg van geregtigheid wandel.

1 Petrus 5:8-9 sê, "Wees nugter, wees wakker! Julle vyand, die duiwel loop rond soos 'n brullende leeu, op soek na iemand om te verslind. Bly standvastig in die geloof en staan hom teë. En moenie vergeet nie: dwarsdeur die wêreld moet julle medegelowiges dieselfde soort lyding verduur."

1 Johannes 5:18 sê ook, "Ons weet dat iemand wat 'n kind van God is, nie meer sondig nie, maar die Seun van God bewaar hom, en die duiwel kry geen houvas op hom nie."

Daarom, indien ons nie sondes doen en volkome volgens God se woord lewe, sal God ons met Sy gloeiende oë beskerm, sodat ons nie oor enigiets bekommerd hoef te wees nie.

Rondom ons, kan mense gesien word wie baie soorte rampe

ervaar, maar hule weet selfs nie waarom hulle baie probleme ervaar nie. Ook, kan ons sommige gelowiges sien, wie weens baie ontberings ly.

Sommiges ervaar plae van bloed of muggies, terwyl sommige ander weer plae van hael of sprinkane ervaar. Terwyl ander die plaag van die dood van hul eersgeborene ervaar, en verder, ervaar hulle die plaag van 'n watergraf.

Daarom, moet ons nie 'n lewe van ongehoorsaamheid, soos Farao lei nie, maar 'n lewe van gehoorsaamheid, sodat ons nie enige van hierdie plae ervaar nie.

Selfs indien ons in 'n situasie is, waar ons nie kan verhoed om die plaag van die dood van die eersgeborene te ervaar, kan ons vergewe word, mits ons die sonde bely en nou vanaf daardie sonde wegdraai. Net soos met die Egiptiese weermag wat in die Rooi See begrawe was, indien ons enigsins langer wag en nie terugdraai, sal daar 'n tyd kom, wanneer dit te laat sal wees.

'n Lewe van
Gehoorsaamheid

As jy goed luister na die Here jou God en jy gehoorsaam al sy gebooie wat ek jou vandag gee, en jy lewe daarvolgens, sal die Here jou God jou oor al die nasies van die aarde stel. As jy luister na die Here jou God, sal al hierdie seëninge oor jou kom en jou lewe verryk. Jy sal geseën wees in die stad, jy sal geseën wees in die oop veld. Jou nageslag sal geseën wees, en die opbrengs van jou lande en die aanteel van jou diere, jou kalweroes en jou lammeroes. Jou oesmandjie en jou knieskottel sal geseën wees. Jy sal geseën wees waar jy ook gaan.
(Deuteronomium 28:1-6)

Hoofstuk 7

Paasfees en Weg na Saligheid

Eksodus 12:1-3, 6-11

In Egipte het die Here vir Moses en Aäron gesê: "Hierdie maand is vir julle die belangrikste maand; dit moet die eerste maand van die jaar word. Sê vir die hele gemeente van Israel: Elkeen moet sorg dat hy op die tiende van hierdie maand 'n lam vir sy gesin het, vir elke huisgesin een" (Eksodus 12:1-3).

"Julle moet hom goed oppas tot die veertiende van hierdie maand, en dan moet die hele gemeente van Israel teen laat middag slag. Julle moet van die bloed smeer aan die sykante en die bokant van die deurkosyn van elke huis waar julle die lam gaan eet. Nog dieselfde nag moet julle die vleis eet. Julle moet dit gebraai eet, saam met ongesuurde brood en bitter kruie. Julle moet dit nie rou of in water gekook eet nie, maar oor die vuur gebraai, met kop, pootjies, binnegoed en al. Julle mag niks daarvan tot die volgende môre laat oorbly nie. As daar die volgende môre tog iets oor is, moet julle dit verbrand. Julle moet dit haastig eet, aangetrek vir die reis, skoene aan die voete en kierie in die hand. Dit is die Paasfees van die Here" (Eksodus 6-11).

Tot hiertoe, kan ons sien dat Farao en sy diensknegte aanhoudend lewens gelei het, in ongehoorsaamheid teenoor God se woord.

As gevolg daarvan, was daar klein plae op al Egipte se grond. Soos wat hulle ongehoorsaam voortgegaan het, was baie siektes opgelê, hulle rykdom het verdwyn, en uiteindelik het hulle hulle lewens verloor.

In teenstelling, selfs hoewel hulle in dieselfde land van Egipte gewoon het, het die uitverkore mense van Israel nie weens een van die plae gely nie.

Toe God die lewens met die laaste plaag in Egipte getref het, het die Israeliete geen lewensverlies gely nie. Dit was omdat God vir die mense van Israel die weg na saligheid, laat verstaan het.

Dit was nie slegs baie duisende jare gelede, op die mense van Israel van toepassing nie, maar op dieselfde wyse is dit vandag nog net so, op ons van toepassing.

Die Weg om die Plaag van die Dood van die Eersgeborene te Vermy

Voordat daar die plaag van die dood van die eersgeborene in Egipte was, het God aan die Israeliete die manier bekend gemaak, hoe om die plaag te vermy.

Sê vir die hele gemeente van Israel: "Elkeen moet sorg dat hy op die tiende van hierdie maand 'n lam vir sy gesin het, vir elke huisgesin een" (Eksodus 12:3).

Vanaf die begin van die plaag van bloed tot by die plaag van duisternis, selfs hoewel die mense van Israel niks vir hulleself gedoen het, het God hulle met Sy krag beskerm. Maar net voor die laaste plaag, het God 'n mate van gehoorsaamheid van die mense van Israel verwag.

Dit was om 'n lam te neem en bloed te smeer aan die sykante en die bokant van die deurkosyn van elke huis, en die lam gebraai op die vuur te eet. Dit was die teken om die mense van God te onderskei van die ander, wanneer God al die eersgeborenes van die mense en diere van Egipte sou doodmaak.

Aangesien die laaste plaag verby die huise met bloed van die lam aan, gegaan het, herdenk die Jode steeds vandag nog hierdie dag waarop hulle gered was, as die Paasfees.

Vandag, is die Paasfees die grootste fees van die Jode. Hulle eet lam, ongesuurde brood en bitter kruie om hierdie dag te herdenk. Meer besonderhede sal in hoofstuk 8 verduidelik word.

Neem 'n Lam

God het vir hulle gesê om 'n lam te neem, omdat die lam geestelik Jesus Christus beteken.

Algemeen gesproke, diegene wie in God glo, word Sy 'skape'

genoem. Baie mense dink dat die 'lam' is 'n 'nuwe gelowige,' maar in die Bybel, kan ons vind dat die 'lam' na Jesus Christus verwys.

In Johannes 1:29, het Johannes die Doper gesê, "Dáár is die Lam van God wat die sonde van die wêreld wegneem!" 1 Petrus 1:18-19 sê, "Julle weet tog dat julle nie met verganklike middele soos silwer en goud losgekoop is uit julle oorgeërfde sinlose bestaan nie. Inteendeel, julle is losgekoop met die kosbare bloed van Christus, die Lam wat vlekloos en sonder liggaamsgebrek is."

Jesus se karakter en dade, herinner ons aan 'n sagte lam. Matteus 12:19-20 sê ook, "Hy sal nie twis nie en nie skreeu nie, en niemand sal sy stem op die strate hoor nie. 'n Riet wat geknak is, sal Hy nie afbreek nie en 'n lamppit wat rook, nie uitdoof nie; Hy sal die wil van God laat seëvier."

Net soos wat 'n skaap slegs die stem van sy herder hoor en hom volg, het Jesus slegs met 'Ja' en 'Amen" voor God gehoorsaam (Openbaring 3:14). Totdat Hy aan die kruis gesterf het, wou hy die wil van God vervul het (Lukas 22:42).

'n Lam gee vir ons 'n sagte pels, hoogs voedsame melk en vleis. Eweneens, Jesus het ook 'n versoenende offer aangebied, om ons met God te verenig, toe Hy al sy water en bloed aan die kruis gestort het.

Dus, is daar baie dele in die Bybel waar Jesus met 'n lam vergelyk word. Toe God die Israeliete instruksies oor die Paasfees se gebruike gegee het, het Hy hulle ook die lam se verdeling sorgvuldig verduidelik.

As 'n huisgesin te klein is vir 'n lam, kan 'n man en sy naaste buurman dit onder mekaar verdeel volgens die getal persone. Julle moet die lam deel volgens elkeen se behoeftes. Dit moet 'n jaaroud rammetjie wees, sonder liggaamsgebrek, 'n skaap of 'n bok (Eksodus 12:4-5).

Indien hulle te arm was of daar is nie genoeg familielede in die gesin om 'n hele lam te eet nie, kon hulle 'n lam van of 'n skaap of 'n bok neem, en hulle kon dit met 'n naburige familie deel. Ons kan die teer liefde van God, wie oorvloedige deernis het voel.

Die rede waarom God hulle vertel het om 'n onbevlekte jaaroud rammetjie te neem is, omdat sy vleis die smaaklikste is op daardie stadium, aangesien hy nog nie gepaar het nie. Ook, soos in die geval met mense, die jeugjare is die mooiste en reinste.

Omdat God heilig is, sonder enige smet of vlek het Hy vir hulle gesê, om 'n lam in sy beste tydperk te neem, dit wil sê 'n jaaroud rammetjie.

Smeer Bloed en Moenie na Buite Gaan tot die Môre

God het gesê dat hulle 'n lam moet neem, ooreenkomstig die getal van hulle huishoudings. In Eksodus 12:6 vind ons dat hulle nie die lam dadelik moes doodmaak nie, maar na vier dae teen skemerlig moes hulle dit doen. God het vir hulle genoegsame tyd gegee, om daarvoor voor te berei, met die opregtheid in hulle harte.

Waarom het God gesê, dat hulle die lam teen skemer moet doodmaak?

Die menslike ontwikkeling, wat met Adam se ongehoorsaamheid begin het, kan oor die algemeen in drie dele gekategoriseer word. Vanaf Adam tot Abraham is ongeveer 2,000 jaar, en hierdie tydperk is die beginstadium van die menslike ontwikkeling. In vergelyking met een dag, is dit oggend.

Daarna, het God vir Abraham as die vader van geloof aangestel, en vanaf Abraham se tyd totdat Jesus na die aarde gekom het, was ook ongeveer 2,000 jaar. Dit is soos 'n dag se tyd.

Sedert die tyd wat Jesus na die aarde toe gekom het, tot vandag, is dit ook omtrent 2,000 jaar. Dit is die eindtyd van die menslike ontwikkeling en die skemerte van die dag (1 Johannes 2:18; Judas 1:18; Hebreërs 1:2; 1 Petrus 1:5; 20).

Die tyd toe Jesus na die aarde gekom het, om ons sondes af te los deur Sy dood aan die kruis, behoort tot die laaste era van die menslike ontwikkeling, en dit is waarom God vir hulle gesê het, om die lam in die skemerlig dood te maak en nie gedurende die dag nie.

Dan, was die mense veronderstel om die lam se bloed aan die twee sykante en die bokant van die deurkosyn te smeer (Eksodus 12:7). Die lam se bloed het geestelik, na die bloed van Jesus Christus verwys. God het vir hulle gesê, om die bloed aan die twee sykante en die bokant van die deurkosyn te smeer, omdat ons deur die bloed van Jesus gered was. Deur bloed te stort en aan die kruis te sterf, het Jesus ons van ons sondes verlos en ons lewens gered; dit is die geestelike betekenis wat dit behels.

Omdat dit die heilige bloed is wat ons van ons sondes verlos, was hulle nie veronderstel om die bloed op die deurdrempel te smeer, waarop die mense trap nie, maar slegs op die sykante en bokant van die deurkosyn.

Jesus het gesê, "Ek is die ingang; as iemand deur My ingaan, sal hy gered word. Hy sal in en uit gaan en weiding kry" (Johannes 10:9). Soos gesê, gedurende die nag van die plaag van die eersgeborenes se dood, al die huishoudings wat nie die bloed gehad het nie, het sterftes by hulle gehad, maar die huishoudings wat die bloed aangesmeer het, was van die dood gered.

Maar selfs indien hulle bloed van die lam aangesmeer het, en hulle buitentoe gegaan het, kon hulle nie gered word nie (Eksodus 12:22). Indien hulle na buite sou gaan, beteken dit dat hulle het niks met God se verbond te doen nie, en hulle moes die plaag van die eersgeborenes se dood in die gesig staar.

Geestelik, simboliseer 'buite die deure' duisternis, wat niks met God te doen het nie. Dit is die wêreld van onwaarhede. Op dieselfde wyse, vandag, selfs al neem ons die Here aan, kan ons nie gered word, indien ons Hom verlaat nie.

Braai die Lam en Eet Dit as 'n Geheel

Daar was sterftes in die huishoudings van die Egiptenare, en daar was 'n groot geween. Vanaf Farao, wie nie vir God gevrees het, selfs nadat so baie kragtige werke van God aan alle Egiptenare getoon was, het 'n groot geween in die stilte van die laatnag uitgebreek.

Maar tot die oggend, het die Israeliete geensins buitekant toe gegaan nie. Hulle het net die lam, ooreenkomstig God se woord geëet. Wat was die rede, waarom hulle die lamsvleis laatnag moes eet. Dit bevat 'n diep geestelike betekenis.

Voordat Adam van die boom van die kennis van goed en kwaad geëet het, het hy onder God, wie lig is, se beheer gelewe, maar sedert hy ongehoorsaam was en van die boom geëet het, het hy 'n dienskneg van die sonde geword. As gevolg hiervan, het al sy afstammelinge, alle mense, onder die beheer van die vyandige duiwel en Satan, die regeerder van duisternis, gekom. Daarom, hierdie wêreld is van duisternis of nag.

Net soos wat die Israeliete die lam in die nag moes eet, ons wie geestelik in die wêreld van duisternis lewe, moet die vlees van die Seun van die Mens, wat die woord van God, wie Lig is eet en Sy bloed drink, sodat ons saligheid kan ontvang. God het hulle volledig vertel, hoe om die lam te eet. Hulle moes dit met ongesuurde brood en bitter kruie eet (Eksodus 12:8).

Suurdeeg is 'n soort van swam wat gebruik word, om brood te laat rys en dit laat gis die voedsel om dit smaakliker en sagter te maak. Brood sonder suurdeeg is minder smaaklik, as brood wat daarmee gemaak is.

Aangesien dit so 'n wanhopige situasie was, om te lewe of nie, het God hulle die lam laat eet met minder smaaklike ongesuurde brood en bitter kruie, sodat hulle die dag sal onthou.

Suurdeeg verwys op 'n geestelike manier, na sondes en kwaad. Daarom, 'om die ongesuurde brood sonder die suurdeeg te eet,' simboliseer dat ons die sondes en kwaad moet verwyder, om die saligheid van die lewe te ontvang.

En God het vir hulle gesê om die lam oor die vuur gebraai te eet, nie rou of in water gekook nie, met kop, pootjies, binnegoed en al (Eksodus 12:9).

Hier, 'om dit rou te eet' beteken om die kosbare woord van God letterlik te vertolk.

Byvoorbeeld, Matteus 6:6 sê, "Nee, as jy bid, gaan na jou kamer toe, maak die deur toe en bid tot jou Vader wat jy nie kan sien nie. Jou Vader wat sien wat verborge is, sal jou beloon." Indien ons dit letterlik vertolk, moet ons na ons binnekamer gaan, die deur sluit, en bid. Maar nêrens in die Bybel kan ons dit vind, dat enige persone van God in binnekamers, met geslote deure, bid nie.

Geestelik beteken, 'om na jou binnekamer te gaan en te bid' dat ons nie ydele gedagtes moet hê, maar uit die diepte van ons harte moet bid.

In ons dieet, indien ons rou vleis eet, kan ons sekere infeksies weens parasiete opdoen of ons kan maagpyn kry. Indien ons die woord van God letterlik vertolk, kan dit tot misverstande en probleme lei. Dan, kan ons nie geestelike geloof hê, sodat dit ons selfs verder van die saligheid weglei.

'Om dit in water te kook' beteken 'om wysbegeerte, wetenskap, mediese wetenskap of menslike gedagtes by die woord van God te voeg.' Indien ons die vleis in die water kook, sal die sous van die vleis uitkom, wat 'n groot verlies van voedingstowwe tot gevolg het. Op dieselfde wyse, indien ons die kennis van hierdie wêreld by die woord van waarheid voeg, mag ons dalk 'n bietjie geloof as kennis hê, maar ons kan nie geestelike geloof hê nie. Daarom, lei dit ons nie na saligheid nie.

Nou, wat beteken dit, om die lam oor die vuur te braai?

Hier, beteken 'vuur' die 'vuur van die Heilige Gees.' Naamlik, die woord van God was deur die inspirasie van die Heilige Gees geskryf, en daarom, wanneer ons dit hoor en lees, moet ons dit met die volheid en inspirasie van die Heilige Gees doen. Andersins, sal dit net 'n stukkie kennis word, en ons kan dit nie as geestelike brood ontvang nie.

Sodat ons die woord van God gebraai oor die vuur kan eet, moet ons ywerige gebede hê. Gebed is soos olie, en dit is die bron om vir ons die volheid van die Heilige Gees te gee. Wanneer ons die woord van God saam met die inspirasie van die Heilige Gees neem, sal die woord soeter as heuning smaak. Dit beteken dat ons na die woord van God met 'n dorstige hart luister, soos 'n takbok wat na 'n waterstroom smag. Dus, kan ons voel dat die tyd om na die woord van God te luister, is so kosbaar, en dit sal nooit vir ons vervelig voel nie.

Wanneer ons na die woord van God luister, indien ons die mens se gedagtes aanwend, of ons eie ervaring en kennis, mag ons baie dinge nie verstaan nie.

Byvoorbeeld, God sê vir ons, indien iemand een van ons wange raakslaan, moet ons ook die ander wang draai, en indien iemand vir 'n uniform vra, gee vir hom die mantel ook, en indien iemand ons dwing om een myl saam met hom te gaan, gaan dan sommer twee myl saam. Baie mense dink ook dit is reg om wraak te neem, maar God sê vir ons om selfs ons vyande lief te hê, en om onsself te verneder en ander te dien (Matteus 5:39-44).

Dit is waarom ons al ons gedagtes moet verbreek, en die woord van God met die inspirasie van die Heilige Gees moet neem. Slegs dan sal die woord van God ons lewe en krag word, sodat ons instaat sal wees, om onwaarhede te verwerp en op die weg na die ewige lewe gelei word.

Oor die algemeen, smaak vleis wat oor 'n vuur gebraai is baie lekkerder, en dit is 'n manier om infeksies te verhoed. Op dieselfde wyse, kan die vyandige duiwel en Satan nie diegene beïnvloed wie die woord van God geestelik neem, met die gevoel dat dit soeter as heuning is nie.

Verder, het God vir hulle gesê, om die kop, pootjies en binnegoed te eet. Dit beteken dat ons al 66 boeke van die Bybel moet neem, sonder om een daarvan uit te laat.

Die Bybel bevat die begin van die skepping en die voorsiening van die menslike ontwikkeling. Bowendien, dit bevat die maniere, om God se ware kinders te word. Dit bevat die voorsiening van die saligheid wat verborge was, voor die eeue se ontstaan. Die Bybel bevat God se wil.

Daarom, 'om die kop, pootjies en binnegoed te eet' beteken dat ons die Bybel as 'n geheel moet neem, vanaf die Boek Genesis tot die Boek Openbaring.

Moet Niks Oorlaat tot die Môre, Eet dit Haastig

Die mense van Israel het die lam gebraai oor die vuur by hulle huise geëet, en hulle het niks tot die volgende môre oorgelaat nie, soos Eksodus 12:10 sê, "Julle mag niks daarvan tot die volgende môre laat oorbly nie. As daar die volgende môre tog iets oor is moet julle dit verbrand."

'Môre' is wanneer die duisternis weggaan, en die lig verskyn. Geestelik verwys dit na die tyd van die Here se Wederkoms. Nadat Hy weer gekom het, kan ons nie ons olie voorberei (Matteus 25:1-13), dus, moet ons die woord van God ywerig inneem en beoefen, voor die Here Jesus se Wederkoms.

Ook, mense kan slegs 70 of 80 jaar lewe en ons weet nie wanneer ons lewens sal eindig nie. Daarom, moet ons die woord van God gedurig, ywerig inneem.

Die mense van Israel moes uit Egipte weggaan, na die plaag van die dood van die eersgeborenes plaasgevind het, en dit is waarom God vir hulle gesê het, om haastig te eet.

Julle moet dit haastig eet. Aangetrek vir die reis, skoene aan die voete en kierie in die hand. Dit is die Paasfees van die Here (Eksodus 12:11).

Dit beteken dat hulle moes voorberei om te vertrek, met al hulle klere en skoene aan. Om die lendene te omgord en jou sandale aan te trek, beteken dat jy heeltemal gereed moet wees.

Om sodoende saligheid deur Jesus Christus in hierdie wêreld, wat soos Egipte deur plae gepynig was te ontvang, en die hemelse koninkryk te kan ingaan, wat soos die Beloofde Land van Kanaän is, moet ons altyd waaksaam en gereed wees.

God het ook vir hulle gesê, om hulle kierie in hulle hand te hê, en die 'kierie' simboliseer geestelik, 'geloof.' Wanneer ons met 'n kierie 'n berg uitklim of stap, is dit baie veiliger en makliker, sodat ons nie sal neerval nie.

Die rede waarom daar 'n kierie aan Moses gegee was, was omdat Moses nie die Heilige Gees in sy hart ontvang het nie. God het aan Moses die kierie gegee, wat geestelik geloof beteken. Dit is waarom die mense van Israel die krag van God deur middel van 'n kierie, wat die fisiese oë kon sien, kon ervaar, en die werk van die Uittog vanaf Egipte ten uitvoer gebring kon word.

Selfs vandag, om die ewige hemelse koninkryk te kan ingaan, moet ons geestelike geloof besit. Ons kan slegs saligheid bereik, wanneer ons in die Here Jesus Christus glo, wie aan die kruis sonder sonde gesterf het, en weer opgestaan het. Ons kan slegs volkome saligheid bereik, wanneer ons die woord van God beoefen, deur die vlees van die Here te eet en Sy bloed te drink.

Bowendien, die tyd is nou so naby vir die Here om weer te kom. Dus, ons moet die woord van God gehoorsaam en ywerig bid, sodat ons altyd die oorwinning in die stryd, teen die magte van die duisternis kan behaal.

Trek daarom die wapenrusting aan wat God julle gee, sodat julle weestand kan bied in die dag van onheil en, nadat julle die stryd tot die einde toe gevoer het, nog op julle pos kan bly staan. Bly dan op julle pos, toegerus met die waarheid as gordel om julle heupe, die vryspraak deur God as borsharnas, en die bereidheid om die evangelie van vrede te verkondig as skoene aan die voete. Daarby moet julle altyd geloof as skild in die hand hê, want daarmee sal julle al die brandpyle van die Bose kan afweer. Sit verlossing as helm op en vat die swaard van die Gees, dit is die woord van God (Efesiërs 6:13-17).

Hoofstuk 8

Besnydenis en Heilige Nagmaal

Eksodus 12:43-51

Die Here het vir Moses en Aäron gesê: "Dit is die voorskrifte in verband met die Paasfees: geen nie-Israeliet mag daarvan eet nie." (v.43)

Iemand wat nie besny is nie, mag nie daarvan eet nie. (v.48)

"Een en dieselfde bepaling moet geld vir die gebore Israeliet en vir die vreemdeling wat julle beskerming geniet."(v.49)

Presies op die dag waarop die fees nou gevier word, het die Here die stamme van Israel uit Egipte bevry. (v.51)

Die viering van die Paasfees word vir die langste aaneenlopende tydperk in die wêreld, naamlik vir meer as 3,500 jaar al in stand gehou. Dit was die grondslag vir die land Israel se totstandkoming.

Paasfees is פסח (Pesach) in Hebreeus, en dit beteken, soos die naam sê, iets wat verby is of om iets te vergewe. Dit beteken dat die skaduwee van duisternis oor die huise van Israel gegaan het, waar die sykante en die deurkosyne met bloed van die lam gesmeer was, toe die plaag van die dood van die eersgeborenes oor Egipte gekom het.

Selfs vandag nog, maak hulle die huise skoon en verwyder hulle alle ongesuurde brood na die Paasfees, uit die huise. Selfs klein kindertjies soek onder die beddens of agter meubels met flitsligte na enige porsies brood wat suurdeeg bevat, en verwyder dit. Elke huishouding het ook ooreenkomstig die voorskrifte van die Paasfees geëet. Die hoof van die familie bring die Paasfees in herinnering, en die Uittog word gevier.

"Waarom eet ons Matzo (ongesuurde brood) vanaand?"

"Waarom eet ons Maror (bitter kruie) vanaand?"

"Waarom eet ons pietersielie (groente) nadat ons dit twee keer in soutwater ingedompel het? Waarom eet ons bitter kruie met Harosheth ('n Rooierige kleur konfyt, wat die bakproses van stene in Egipte simboliseer)?"

"Waarom leun ons terug en eet die Paasfees voedsel?"

Die leier van die seremonie verduidelik, dat hulle ongesuurde brood moet eet, omdat hulle Egipte haastig moes verlaat. Hy het verduidelik oor die eet van die bitter kruie om die pyn van slawerny te onthou, asook die eet van die pietersielie wat in die soutwater gedompel was, om die trane wat in Egipte gestort was te onthou.

Maar nou, aangesien hulle vaders van die slawerny bevry is, leun hulle agteroor terwyl hulle die voedsel eet, om die vryheid en vreugde te wys, deur agteroor te lê en eet. Wanneer die leier die verhaal van die tien plae in Egipte vertel, hou elke familielid 'n bietjie wyn in sy mond, en wanneer die naam van die plaag genoem word, word dit in 'n afsonderlike beker uitgespoeg.

Die Paasfees het 3,500 jaar gelede plaasgevind, maar deur die Paasfees se voedsel het selfs die kinders nou 'n kans om die Uittog te ervaar. Die Jode is steeds besig, om hierdie fees wat God duisende jare gelede tot stand gebring het, te eerbiedig.

Die krag van die verstrooiing, naamlik die krag van die Jode, wie rondom die wêreld verstrooi was, om saam terug te kom en hulle land weer te hervestig, lê hierin.

Kwalifikasies vir die Deelnemers van die Paasfees

Die nag waartydens die plaag van die dood van die eersgeborenes oor Egipte gekom het, was die Israeliete van die dood gered, omdat hulle die woord van God gehoorsaam het. Maar om aan die Paasfees te kon deelneem, moes hulle aan 'n bepaalde vereiste voldoen.

Die Here het vir Moses en Aäron gesê: "Dit is die voorskrifte in verband met die Paasfees: geen nie-Israeliet mag daarvan eet nie; 'n slaaf wat deur iemand gekoop is, mag eers daarvan eet nadat hy besny is; geen bywoner of huurling mag daarvan eet nie. Dit moet geëet word in die huis waarvoor dit bedoel is. Van die vleis mag niks buitentoe geneem word nie. Geen been van die paaslam mag gebreek word nie. Die hele gemeente van Israel is verplig om die fees te vier. Die vreemdeling wat jou beskerming geniet en die Paasfees van die Here wil vier, moet besny word, hy en al die mans en seuns by hom. Dan eers is hy soos 'n gebore Israeliet en kan hy daaraan deelneem. Iemand wat nie besny is nie, mag nie daarvan eet nie. Een en dieselfde bepaling moet geld vir die gebore Israeliet en vir die vreemdeling wat julle beskerming geniet" (Eksodus 12:43-49).

Slegs diegene wie besny was, kon van die Paasfees voedsel eet, omdat besnyding 'n wrede ding in die lewe is, en geestelik met die saak van saligheid verband hou.

Besnydenis is die verwydering van 'n gedeelte of die hele voorhuid van die penis, en dit word op die 8ste dag na geboorte van alle babaseuntjies van Israel gedoen.

Genesis 17:9-10 lees, "Verder het God vir Abraham gesê: 'Jy moet my verbond nakom, jy en jou nageslag en al hulle nageslagte. Dit is my verbond wat moet geld vir jou en jou nageslag: elke lid van die manlike geslag onder julle moet besny word.'"

Toe God Sy verbond van seëninge aan Abraham, die vader van geloof, gegee het, het Hy vir hom gevra om die besnydenis as die verbondsteken uit te voer. Hulle wie nie besny was nie, kon nie die seëninge ontvang nie.

Julle moet besny word aan die voorhuid. Dit is die verbondsteken tussen My en julle: elke seun onder julle van ag dae oud moet besny word. Dit geld vir elke lid van die manlike geslag onder julle: al julle nageslag en ook elke slaaf wat as kind in jou besit gebore word, en die slawe wat van 'n vreemde met geld gekoop word, wat nie jou afstammeling is nie. 'n Slaaf wat as kind in jou besit gebore word, en een wat vir geld gekoop word, moet beslis besny word. So sal my verbondsteken aan julle liggame wees as 'n blywende verbond. Elke lid van die manlike geslag wat nie besny is nie, moet van sy volksgenote afgesny word.

Hy het My verbond verbreek (Genesis 17:11-14).

Dus, waarom het God hulle beveel om op die agtste dag besny te word?

Wanneer 'n baba na nege maande in sy moeder se baarmoeder gebore word, is dit nie vir hom maklik om homself te laat geld oor alles nuut rondom hom nie, omdat die omgewing baie verskillend is. Die selle is steeds swak, maar na sewe dae raak hulle aan die nuwe omgewing gewoond, maar is steeds nog nie baie aktief nie.

Indien die voorhuid in hierdie tyd afgesny word, is die pyn minimaal, en die snit sal vinnig genees. Maar soos wat jy opgroei, word die vel harder en sal dit baie pynlik wees.

God het die Israeliete die besnydenis, op die 8ste dag na die geboorte laat uitvoer, sodat dit kan bydra tot die higiëniese versorging en groei, en dit terselfdertyd as Sy verbondsteken kan dien.

Besnydenis, Direk aan die Lewe Verbind

Eksodus 4:24-26 sê, "Waar Moses-hulle langs die pad oornag het, het die Here by hom gekom en wou Hy vir Moses doodmaak. Sippora vat toe 'n klipmes, sny haar seun se voorhuid af, raak daarmee aan Moses se voete en sê: 'Jy is nou my bruidegom wat deur bloed beskerm word.' Die Here het Moses met rus gelaat net toe sy sê: 'bruidegom wat deur bloed beskerm word.' Dit het betrekking op die besnydenis."

Waarom wou God vir Moses doodmaak?

Ons kan dit verstaan, indien ons Moses se geboorte en grootword begryp. Op daardie stadium, om die Israeliete volkome te verwoes, was 'n bevel gegee, dat alle pasgebore Hebreeuse babaseuntjies doodgemaak moes word.

Gedurende hierdie tyd, het Moses se moeder hom weggesteek. Sy het hom uiteindelik in 'n rottangmandjie gesit en op die oewer van die Nyl gaan neersit. Deur die voorsiening van God, was hy deur 'n Egiptiese prinses raakgesien, waardeur hy ook 'n prins geword het as die aangenome seun van die prinses. Dit is waarom hy nooit in 'n situasie was, om besny te word nie.

Alhoewel hy as die leier van die Uittog geroep was, was hy nog nie besny nie. Dit is waarom die engel van God gedink het, om hom dood te maak. Eweneens, besnydenis is direk aan die lewe verwant; indien iemand nie besny is nie, het hy niks met God te doen nie.

Hebreërs 10:1 sê, "Die wet van Moses is slegs 'n skadubeeld van die weldade wat sou kom, nie 'n werklike beeld daarvan nie," en die wet verwys hier na die Ou Testament, en die 'weldade om te kom' is die Nuwe Testament, naamlik die Goeie Nuus wat deur Jesus Christus kom.

Skadu en die oorspronklike beeld is een, en hulle kan nie afsonderlik bestaan nie. Daarom, die bevel van God omtrent die besnydenis in die Ou Testamentiese tye, wat bepaal dat hulle vanaf God se mense sonder besnydenis afgesny sal word, geld vandag nog vir ons op dieselfde wyse.

Maar vandag, anders as in die Ou Testament, is dit nie vir ons nodig om fisiese, maar geestelike besnydenis te ondergaan, wat die besnydenis van die hart is.

Fisiese Besnydenis en Besnydenis van die Hart

Romeine 2:28-29 sê, "Nie hy is 'n Jood wat dit uiterlik is nie, en nie dit is besnedenheid wat uiterlik aan die liggaam gedoen is nie. Nee, hy is 'n Jood wat dit innerlik is, en dit is besnedenheid wat in die hart gedoen is deur die Gees, nie volgens die wetsvoorskrifte nie. So iemand ontvang lof, nie van mense nie, maar van God." Fisiese besnydenis is net 'n skadu, en die oorspronklike beeld in die Nuwe Testament is die besnydenis van die hart, en dit is wat vir ons saligheid gee.

In Ou Testamentiese tye, het hulle nie die Heilige Gees ontvang nie, en hulle kon nie die onwaarhede uit hulle harte verwerp nie. Dus, het hulle gewys dat hulle aan God behoort, deur fisies besny te word. Maar in die Nuwe Testamentiese tye, wanneer ons Jesus Christus aanneem, kom die Heilige Gees in ons hart, en die Heilige Gees help ons in die waarheid te lewe, sodat ons onwaarhede uit ons hart kan verwerp.

Om ons hart op hierdie wyse te besny, is om die bevel in die Ou Testament te volg, om ons liggaamlik te besny. Dit is ook 'n wyse om die Paasfees te onderhou.

Wy julle aan die diens van die Here, en verwyder alle ontrou uit julle harte (Jeremia 4:4).

Wat beteken dit deur die voorhuide van die harte te verwyder? Dit is om al die woorde van God te onderhou, wat vir ons vertel wat om te doen, nie te doen nie, te onderhou, of om sekere dinge te verwerp.

Ons doen net nie dinge wat God vir ons sê, om nie te doen nie soos, "Moenie haat nie, moenie oordeel of veroordeel nie, moenie steel nie, en moenie owerspel pleeg nie." Ook, ons verwerp net en onderhou wanneer Hy vir ons sê, om te verwerp of om iets te onderhou, soos byvoorbeeld, "Verwerp alle vorme van kwaad, onderhou die Sabbat en onderhou die gebooie van God."

Ook, ons doen net soos wat Hy vir ons sê om te doen, "Verkondig die evangelie, bid, vergewe, het lief ensovoorts." Deur so te maak, verdryf ons alle onwaarhede, kwaad, ongeregtigheid, wetteloosheid en duisternis uit ons harte om dit te reinig, en dan met die waarheid te vul.

Besnydenis van die Hart en Volkome Saligheid

In Moses se tyd, was die Paasfees gevestig vir die Israeliete om die dood van die eersgeborenes te vermy, voor die Uittog. Dus, dit beteken nie dat iemand is vir ewig gered, net deur aan die Paasfees deel te neem nie.

Indien hulle vir ewig deur die Paasfees gered was, dan sou al die Israeliete wie uit Egipte gekom het, die Land wat oorloop van melk en heuning, die Land van Kanaän, binnegegaan het.

Maar die realiteit was dat die volwassenes, behalwe vir Josua en Kaleb, wie ouer op daardie stadium van die Uittog was, het nie geloof en dade van gehoorsaamheid getoon nie. Hulle was die generasie wat in die woestyn vir veertig jaar moes bly, en daar moes sterf, sonder om die geseënde land Kanaän , te sien.

Dit is vandag dieselfde. Selfs indien ons Jesus Christus aangeneem het, en kinders van God geword het, is dit nie volkome vir ewig gewaarborg nie. Dit beteken net dat ons die grens van saligheid binnegegaan het.

Daarom, net soos wat die veertig jaar van toetse vir die Israeliete nodig was, om die Land van Kaänan binne te gaan, om saligheid te ontvang, benodig ons om deur 'n proses te gaan om met God se woord besny te word.

Wanneer ons eers Jesus Christus as ons persoonlike Saligmaker aangeneem het, ontvang ons die Heilige Gees. Nogtans, 'om die Heilige Gees te ontvang' beteken nie dat ons hart volkome gereinig sal wees nie. Ons moet aanhou om ons hart te reinig, totdat ons volkome saligheid bereik. Slegs wanneer ons ons harte onderhou, wat die oorsprong van die lewe is, deur die reiniging van ons harte, kan ons volkome saligheid bereik.

Belangrikheid om die Hart te Reinig

Slegs, wanneer ons ons sondes skoonwas met die woord van God, en dit met die swaard van die Heilige Gees afkap, kan ons heilige kinders van God word, en 'n lewe vry van rampe lei.

'n Ander rede waarom ons ons harte moet reinig, is om die oorwinning van geestelike stryde te behaal. Hoewel onsigbaar, is daar konstante en verbete stryde tussen die geeste van goedheid, wat aan God behoort, en die duiwelse geeste.

Efesiërs 6:12 sê, "Ons stryd is nie teen vlees en bloed nie, maar teen die bose magte van hierdie sondige wêreld, teen die bose geeste in die lug."

Om die oorwinning in hierdie geestelike stryd te wen, benodig ons volkome skoon harte. Dit is omdat in die geestelike wêreld, lê die krag in sondeloosheid. Dit is waarom God die reiniging van ons harte wil hê, en Hy vir ons baie keer van die belangrikheid van die reiniging vertel het.

Geliefdes, as ons gewete ons nie veroordeel nie, het ons vrymoedigheid om na God te gaan; en wat ons vra, kry ons van Hom omdat ons sy gebooie gehoorsaam en doen wat Hy goedvind (1 Johannes 3:21-22).

Vir ons om sodoende antwoorde oor die probleme in die lewe te ontvang soos, siektes en armoede, moet ons ons harte reinig. Slegs wanneer ons rein harte het, sal ons voor God die selfvertroue hê, en enigiets ontvang wat ons ookal vra.

Paasfees en Heilige Nagmaal

Eweneens, slegs wanneer ons besnydenis ondergaan, kan ons aan die Paasfees deelneem. Dit is vandag aan die Heilige Nagmaal verwant. Die Paasfees is 'n fees om die vleis van die lam te eet, en die Heilige Nagmaal is om die brood te eet en die wyn te drink, wat die vlees en bloed van Jesus simboliseer.

Maar Jesus sê vir hulle: "Dit verseker Ek julle: As julle nie die liggaam van die Seun van die mens eet en sy bloed drink nie, het julle nie die lewe in julle nie. Wie my liggaam eet en my bloed drink, het die ewige lewe, en Ek sal hom op die laaste dag uit die dood laat opstaan" (Johannes 6:53-54).

Hier, verwys die 'Seun van die Mens' na Jesus, en die vlees van die Seun van die Mens verwys, na die 66 boeke van die Bybel. Om die vlees van die Seun van die Mens te eet, beteken om die woord van die waarheid van God in te neem, soos in die Bybel geskrywe.

Net soos wat ons vloeistowwe benodig, om met die vertering van ons voedsel te help, wanneer ons die vlees van die Seun van die Mens eet, moet ons ook terselfdertyd iets drink, sodat dit goed kan verteer.

'Om die bloed van die Seun van die Mens te drink' beteken dat jy waarlik glo, en die woord van God sal beoefen. Na die aanhoor en kennis opdoen van die woord, indien ons dit nie beoefen nie, dan is die woord van God vir ons van geen nut nie.

Wanneer ons die woord van God in die ses en sestig boeke van die Bybel verstaan, en dit beoefen, dan sal die waarheid in ons harte kom en as voedingstowwe deur die liggaam geabsorbeer word. Dan, sal die sondes en kwaad kom as afval om uitgeskei te word, sodat ons meer en meer soos mense van die waarheid word, om die ewige lewe te verkry.

Byvoorbeeld, indien ons die voedingstof van die waarheid, genoem 'liefde' inneem en dit beoefen, sal die woord in ons as 'n voedingstof geabsorbeer word. Die teenoorgestelde dinge soos haat, afguns en jaloesie sal as afval kom, om verwerp te word. Dan sal ons 'n volkome liefdevolle hart verkry.

Ook, indien ons ons harte met vrede en geregtigheid vul,

sal die twiste, argumente, verskille van opinies, wrokke en ongeregtigheid verdwyn.

Kwalifikasies om aan die Heilige Nagmaal Deel te Neem

In die tyd van di Uittog, diegene wie besny was was geskik om aan die Paasfees deel te neem, dus kon hulle die dood van die eersgeborenes vermy. Op dieselfde wyse vandag, wanneer ons Jesus Christus as ons Saligmaker aanneem en die Heilige Gees ontvang, is ons as God se kinders verseël, en het ons die reg om aan die Heilige Nagmaal deel te neem.

Maar die Paasfees was net vir die saligheid van die eersgeborenes se dood. Hulle moes steeds na die woestyn vir volkome saligheid opruk. Op dieselfde wyse, selfs hoewel ons die Heilige Gees ontvang het, en aan die Heilige Nagmaal mag deelneem, moet ons steeds die proses ondergaan, om ewigdurende saligheid vir die ewigheid te ontvang. Aangesien ons die ingang na saligheid bereik het, deur Jesus Christus aan te neem, moet ons die woord van God in ons lewens gehoorsaam. Ons moet na die hekke van die hemelse koninkryk en die ewigdurende saligheid, beweeg.

Indien ons sondes pleeg, kan ons nie aan die Heilige Nagmaal deelneem, om die vlees en bloed van ons Heilige Here te eet en te drink nie. Ons moet eerstens na onsself kyk, en al die sondes wat ons gepleeg het bely, en dan ons harte reinig, om aan die Heilige Nagmaal deel te neem.

Elkeen wat op 'n ongepaste wyse van die brood eet of uit die beker van die Here drink, sal skuldig wees aan sonde teen die liggaam en die bloed van die Here. Maar elkeen moet eers homself ondersoek voor hy van die brood eet en uit die beker drink, want hy wat eet en drink sonder om te besef dat dit die liggaam van die Here is, bring daardeur 'n oordeel oor homself (1 Korintiërs 11:27-29).

Sommiges sê, dat slegs diegene wie met water gedoop is, kan aan die Heilige Nagmaal deelneem. Maar wanneer ons Jesus Christus aanneem, ontvang ons die Heilige Gees as 'n gawe. Ons het almal die reg, om kinders van God te word.

Daarom, indien ons die Heilige Gees ontvang het, en kinders van God geword het, kan ons aan die Heilige Nagmaal deelneem, nadat ons ons sondes bely het, selfs hoewel ons nog nie met water gedoop was nie.

Deur die Heilige Nagmaal, word ons weereens herinner van die Here se genade, wie aan die kruis gehang het en Sy bloed vir ons gestort het. Ons moet ook na onsself terugkyk, en God se woord leer en beoefen.

1 Korintiërs 11:23-25 sê, Ek het van die Here ontvang wat

ek ook aan julle oorgelewer het: Die Here Jesus het in die nag waarin Hy oorgelewer is, brood geneem en, nadat Hy God daarvoor gedank het, het hy dit gebreek en gesê: "Dit is My liggaam, dit is vir júlle. Gebruik dit tot my gedagtenis." Net so ook het Hy ná die maaltyd die beker geneem en gesê: "Hierdie beker is die nuwe verbond, wat deur my bloed beseël is. Gebruik dit, elke keer as julle daaruit drink, tot my gedagtenis."

Daarom, spoor ek julle aan om die ware betekenis van Paasfees en die Heilige Nagmaal te besef, en ywerig die vlees te eet en die bloed van die Here te drink, sodat julle alle vorme van kwaad kan verwerp en die reiniging van die hart volkome ten uitvoer te kan bring.

Hoofstuk 9

Uittog en die Fees van die Ongesuurde Brood

Eksodus 12:15-17

"Sewe dae lank moet die brood wat julle eet, ongesuurde brood wees. Reeds op die eerste feesdag moet julle ontslae raak van suurdeeg in julle huise, want elkeen wat in die sewe dae gewone brood eet, moet van Israel afgesny word. Op die eerste en die sewende dag moet daar 'n gewyde byeenkoms wees. Op hierdie dae mag geen werk gedoen word nie, behalwe dat vir elkeen iets te ete voorberei kan word. Onderhou die fees van die ongesuurde brood, want die eerste dag van die fees is die presiese dag waarop Ek julle stamme uit Egipte sal bevry het. Julle en julle nageslagte moet dié dag altyd as 'n vaste instelling vier"

"Laat ons vergewe, maar nie vergeet nie."

Dit is 'n sin wat, by die ingang van die Yad Vashem Holocaust Museum in Jerusalem geskrywe staan. Dit is ter nagedagtenis aan daardie ses miljoen Jode, wie deur die Nazi's gedurende die Tweede Wêreldoorlog doodgemaak is, en om nie dieselfde soort van geskiedenis te herhaal nie.

Die geskiedenis van Israel is 'n geskiedenis van herinneringe. In die Bybel, vertel God hulle om die verlede te onthou, dit in gedagte te hou en dit vir generasies te bewaar.

Nadat die Israeliete van die dood van die eersgeborenes gered was, deur die Paasfees te onderhou en uit Egipte gelei was, het God vir hulle gesê om die Fees van die Ongesuurde Brood te vier. Dit is vir hulle om ewigdurend die dag te onthou, toe hulle uit Egipte van slawerny bevry is.

Geestelike Betekenis van Uittog

Die dag van die Uittog is nie net 'n dag van die vryheid, wat die mense van Israel herwin het, baie duisende jare gelede nie.

Die 'Egipte' waarin die Israeliete in gevangeneskap gelewe het, simboliseer 'hierdie wêreld' wat onder die beheer van die vyandige duiwel en Satan is. Net soos wat die Israeliete vervolg en mishandel was, terwyl hulle slawe in Egipte was, ly mense weens pyne en smart wat deur die vyandige duiwel en Satan voortgebring word, wanneer hulle nie van God weet nie.

Aangesien die Israeliete die Tien Plae deur Moses ervaar het, het hulle vir God leer ken. Hulle het vir Moses uit Egipte gevolg, na die Beloofde Land van Kanaän, wat God aan hulle voorvader Abraham belowe het.

Dit is dieselfde as vandag se mense, wie gewoonlik lewe, sonder om God te ken, maar dan kom en Jesus Christus aanneem.

Die Israeliete wat uit Egipte gekom het, waar hulle slawe was, is vergelykbaar met mense wie van hulle verslaafdheid teenoor die vyandige duiwel en Satan verlos word, deur Jesus Christus aan te neem en kinders van God te word.

Ook, die reis van die Israeliete na die Land Kanaän, wat oorloop van melk en heuning, is niks verskillend van die gelowiges, wie die reis van geloof na die koninkryk van die hemel onderneem nie.

Die Land van Kanaän, wat Oorloop van Melk en Heuning

In die proses van die Uittog, het God nie die Israeliete direk na die Land Kanaän gelei nie. Hulle moes in die woestyn vertoef, omdat daar 'n baie sterk nasie met die naam Philistia op die kortste roete na Kanaän was.

Om verby daardie land te kom, moes hulle teen die sterk Filistyne oorlog voer. God het geweet dat, indien hulle dit doen, sal daardie mense wie nie geloof het, na Egipte wil teruggaan.

Op dieselfde wyse, diegene wie nou net Jesus Christus aangeneem het, ontvang nie dadelik ware geloof nie. Dus, indien hulle 'n toets ervaar, so groot soos die nasie van Philistia en die Filistyne, mag hulle dit nie slaag en uiteindelik hulle geloof versaak.

Dit is waarom God sê, "Geen versoeking wat meer is as wat 'n mens kan weerstaan, het julle oorval nie. God is getrou. Hy sal nie toelaat dat julle bo julle kragte versoek word nie; as die versoeking kom, sal Hy ook die uitkoms gee, sodat julle dit kan weerstaan" (1 Korintiërs 10:13).

Net soos wat die Israeliete in die woestyn gestap het, totdat hulle die Land Kanaän bereik het, selfs nadat hulle kinders van God geword het, lê daar vir ons die geloofsreis voor, totdat ons die koninkryk van die hemel, die Land Kanaän bereik.

Selfs hoewel die woestyn moeilik was, het diegene met geloof, nie na Egipte teruggegaan nie, omdat hulle uitgesien het na die vryheid, vrede en oorvloed in die Land Kanaän wat hulle nie in Egipte kon geniet nie. Vandag is dit vir ons dieselfde.

Selfs al moet ons somtyds op 'n smal en moeilike weg beweeg, glo ons in die pragtige glorie van die hemelse koninkryk. Dus, beskou ons nie die wedloop van geloof as moeilik nie, maar kan alles met die hulp en krag van God oorkom.

Uiteindelik, het die mense van Israel die reis na die Land Kanaän, wat oorloop van melk en heuning, begin. Hulle het die gronde agtergelaat, waar hulle vir meer as 400 jaar gebly het, en hulle geloofsreis onder die leierskap van Moses begin.

Daar was mense wie na die beeste omgesien het. Ander het die klere, silwer en goud opgelaai, wat hulle van die Egiptenare ontvang het. Sommiges het die ongesuurde deeg ingepak, terwyl ander na die klein kinders en bejaardes omgesien het. Die groot organisering van die Israeliete, wie hulle vertrek wou bespoedig, was eindeloos.

Die Israeliete het van Rameses af na Sukkot toe getrek. Behalwe die afhanklikes was daar sowat ses honderd duisend weerbare manne te voet. Daar het ook 'n menigte mense van ander afkoms saamgegaan en ook troppe kleinvee en baie beeste. Met die deeg wat hulle uit Egipte saamgebring het, het hulle ongesuurde roosterkoeke gebak: dit was sonder suurdeeg omdat hulle uit Egipte gejaag is en nie kans gehad het om eers vir hulle padkos klaar te maak nie (Eksodus 12:37-39).

Hierdie dag was hulle harte vol van vryheid, hoop en saligheid. Om hierdie dag te vier, het God hulle beveel om die Fees van die Ongesuurde Brood regdeur al die generasies te eerbiedig.

Fees van die Ongesuurde Brood

Vandag, in Christelikheid, vier ons die Paasfees in die plek van die Fees van die Ongesuurde Brood. Paasfees is die fees wat ons vier, om dank teenoor God te betuig vir die vergewing van al ons sondes, deur Jesus se kruisiging. Ook, vier ons dit as die dag toe dit vir ons moontlik geword het, om uit die duisternis deur Sy opstanding, na die lig toe te kom.

Die Fees van die Ongesuurde Brood is een van die drie grootste feeste van Israel. Dit is om die feit te gedenk dat hulle uit Egipte, deur God se hand gekom het. Beginnende met die nag van die Paasfees, toe hulle vir sewe dae lank die ongesuurde brood geëet het.

Selfs, nadat hy en die Egiptenare so verskriklik as gevolg van die plae gely het, het Farao nie sy mening verander nie. Uitendelik moes Egipte ly weens die dood van hulle eersgeborenes, en Farao homself het sy oudste seun verloor. Farao het haastig vir Moses en Aäron laat roep, en vir hulle gesê om Egipte dadelik te verlaat. So, hulle het nie tyd gehad om die brood in te suur nie. Dit is die rede, waarom hulle die ongesuurde brood moes eet.

God het hulle ook die ongesuurde brood laat eet, sodat hulle die tye kon onthou van lyding, en dankbaar kon wees oor die bevryding van slawerny.

Paasfees is die fees wat, die redding van die dood, van die eersgeborenes herdenk. Hulle het lam, bitter kruie en ongesuurde brood geëet. Die Fees van die Ongesuurde Brood is om die feit te herdenk, dat hulle ongesuurde brood vir een week in die woestyn geëet het, nadat hulle haastig uit Egipte gekom het.

Vandag, neem die Israeliete een hele week af, om die Paasfees insluitend die Fees van die Ongesuurde Brood te gedenk.

Jy mag nie brood met suurdeeg in eet nie, maar sewe dae lank moet jy ongesuurde brood eet. Dit is brood wat herinner aan jou swaarkry, en jy moet jou lewe lank dink aan die dag waarop jy uit Egipte weg is: hoe jy haastig daar weg is (Deuteronomium 16:3).

Geestelike Betekenis van Fees van die Ongesuurde Brood

Sewe dae lank moet die brood wat julle eet, ongesuurde brood wees. Reeds op die eerste feesdag moet julle ontslae raak van suurdeeg in julle huise, want elkeen wat in die sewe dae gewone brood eet, moet van Israel afgesny word (Eksodus 12:15).

Hier, verwys die 'eerste dag' na die dag van saligheid. Nadat hulle van die dood van die eersgeborenes gered was, en uit Egipte gekom het, moes die Israeliete vir sewe dae ongesuurde brood geëet het. Op dieselfde wyse, nadat ons Jesus Christus aangeneem het, en die Heilige Gees ontvang het, moet ons geestelik ongesuurde brood eet, om volkome saligheid te bereik.

Geestelik beteken, die eet van ongesuurde brood om die wêreld te versaak, en om die smal weg te bewandel. Nadat ons Jesus Christus aangeneem het, moet ons onsself verlaag en die smal pad bewandel, om volkome saligheid met nederige harte te bereik.

Om die gesuurde brood in plaas van ongesuurde brood te

eet, is om die breë en gemaklike pad te neem, in vervolging van die betekenislose dinge van hierdie wêreld, soos iemand dit sien. Vanselfsprekend, die persoon wie hierdie weg neem, sal nie die saligheid bereik nie. Dit is waarom God gesê het, diegene wie gesuurde brood eet, sal van Israel afgesny word.

Dus, wat is die lesse wat die Fees van die Ongesuurde Brood ons vandag gee?

Eerstens, ons moet altyd onthou en dank betuig vir die liefde van God, en die genade van saligheid wat ons vrylik ontvang, deur Jesus Christus se verlossing.

Die Israeliete onthou die tye van slawerny in Egipte, deur die eet van ongesuurde brood vir sewe dae en danksegging aan God, omdat Hy hulle gered het. Eweneens, ons gelowiges, wie die geestelike Israeliete is, moet die genade en liefde van God onthou, wie ons gelei het, na die weg van die ewige lewe en dankbaar oor alles is.

Ons moet die dag onthou, toe ons God ontmoet en ervaar het, en die dag toe ons weergebore was met water en die Gees, om dank aan God te gee, ter herinnering van Sy genade. Dit is dieselfde, as om 'n geestelike vlak van die Fees van Ongesuurde Brood te vier. Diegene wie waarlik goedhartig is, sal nooit enige genade wat hulle van die Here ontvang het, ooit vergeet nie. Dit is die plig van die mens en dit is die handeling van 'n mooi en goedhartige hart.

Met hierdie goeie hart, ongeag hoe moeilik die werklikheid tans is, ons sal nooit die liefde en genade vergeet, maar dankbetuigings doen vir Sy genade en altyd juig.

Dit was die geval met Habakuk, wie gedurende Koning Josua se regeringstydperk, ongeveer 600 v.C. aktief was.

Al sou die vyeboom nie bot nie en daar geen druiwe aan die wingerde wees nie, al sou die olyfoes misluk en die lande geen oes lewer nie, al sou daar geen kleinvee in die kampe meer wees nie en die beeskrale sonder beeste wees, nogtans sal ek in die Here jubel, sal ek juig in God, my Redder (Habakuk 3:17-18).

Sy land, Juda, moes die gevare van die Chaldeërs (Babiloniërs) trotseer, en Profeet Habakuk moes sien hoe sy land ondergaan, maar in plaas daarvan om in wanhoop te verval, het Habakuk lofprysinge van dank aan God geoffer.

Eweneens, ongeag van ons situasie of lewenstoestand, kan ons net deur die een feit dat ons deur God se genade, sonder enige koste gered is, uit die diepte van ons harte dankbaar wees.

Tweedens, ons moet nie ons geloofslewe uit gewoonte voortsit, of teruggly na 'n vorige doellose lewenswyse of 'n Christelike lewe lei, wat geen vooruitgang of verandering toon nie.

Deur 'n passiewe Christelike lewe te lei, is om te bly waar jy is. Dit is 'n stilstaande lewe, sonder beweging of verandering. Dit beteken dat ons 'n lou, gebruiklike geloof het. Dit toon die formaliteite van geloof, sonder om ons harte te reinig.

Indien ons koud is, mag ons 'n soort straf van God ontvang, sodat ons kan verander en vernuwe. Maar indien ons lou is, bereik ons 'n skikking met die wêreld en probeer nie om sondes te verwerp nie. Ons sal nie vir God bewustelik en maklik volkome verlaat nie, omdat ons die Heilige Gees ontvang het, en ons besef baie goed dat daar 'n hemel en aarde is.

Indien ons ons tekortkominge aanvoel, sal ons tot God daaroor bid. Maar diegene wie lou is, toon geen entoesiasme nie. Hulle word 'kerkgangers'.

Hulle mag dalk kwellinge ervaar, en die benoudheid en angs in hulle harte voel, maar met die verloop van tyd, sal selfs hierdie gevoelens verdwyn.

"Maar nou, omdat julle lou is, nie warm nie en ook nie koud nie, gaan Ek julle uit my mond uitspoeg" (Openbaring 3:16). Soos gesê, dan, hulle kan nie gered word nie. Dit is waarom God ons van tyd tot tyd verskillende feeste laat vier, om ons geloof te kontroleer, en om 'n volwasse en ryp mate van geloof te bereik.

Derdens, ons moet altyd die genade van die eerste liefde onderhou. Indien ons dit verloor het, moet ons aan die punt dink waar ons geval het, dit bely, en vinnig van ons eerste dade herstel.

Enigiemand wie die Here Jesus aangeneem het, kan die genade van die eerste liefde ervaar. Die genade en liefde van God is so groot, dat elke dag van sy lewe sal vreugde en blydskap self wees.

Net soos wat ouers verwag, dat hulle kinders sal opgroei, verwag God ook dat Sy kinders sterker geloof sal hê, en 'n groter mate van geloof bereik. Maar indien ons die genade van ons eerste liefde by 'n sekere punt verloor, mag ons entoesiasme afkoel. Selfs indien ons bid, mag ons dit net doen, met 'n mate van 'n pligsbesef.

Totdat ons 'n hele, volkome en volle vlak van heiliging bereik het, indien ons ons hart aan Satan oorgee, mag ons enige tyd die eerste liefde verloor. Dus, indien ons die genade van ons ywerige eerste liefde verloor het, moet ons die rede daarvoor vind, en vinnig bely sodat ons kan terugkeer.

Baie mense sê, dat 'n Christelike lewe is 'n nou en moeilike weg, maar Deuteronomium 30:11 sê, "Die gebod wat ek jou vandag beveel, is nie te moeilik vir jou nie. Dit is ook nie buite jou bereik nie." Indien ons die ware liefde van God besef, is die lewensreis van geloof nooit moeilik nie. Dit is omdat die huidige lydings nie met die glorie vergelykbaar is, wat aan ons later gegee sal word nie. Ons kan gelukkig wees, om daardie glorie voor te stel.

Daarom, as gelowiges wie gedurende die laaste dae lewe, moet ons altyd God se woord gehoorsaam, en gedurig in die lig lewe. Indien ons nie die wye weg van die wêreld neem, maar in plaas daarvan die smal weg van geloof, sal ons instaat wees om die Land Kanaän, wat oorloop van melk en heuning, te kan ingaan.

God sal vir ons die genade van saligheid en vreugde van die eerste liefde gee. Hy sal ons seën, om heiliging uit te voer en deur ons geloofswandeling, sal Hy ons toelaat om die ewige hemelse koninkryk met mag te verkry.

Hoofstuk 10

Lewe van Gehoorsaamheid en Seëninge

Deuteronomium 28:1-6

"As jy goed luister na die Here jou God en jy gehoorsaam al sy gebooie wat ek jou vandag gee, en jy lewe daarvolgens, sal die Here jou God jou oor al die nasies van die aarde stel. As jy luister na die Here jou God, sal al hierdie seëninge oor jou kom en jou lewe verryk. Jy sal geseën wees in die stad, jy sal geseën wees in die oop veld. Jou nageslag sal geseën wees, en die opbrengs van jou lande en die aanteel van jou diere, jou kalweroes en jou lammeroes. Jou oesmandjie en jou knieskottel sal geseën wees. Jy sal geseën wees waar jy ook gaan"

Die geskiedenis van Israel se Uittog leer vir ons waardevolle lesse. Net soos wat plae oor Farao en Egipte as gevolg van hulle ongehoorsaamheid gekom het, moes die mense van Israel op hulle weg na die Land Kanaän ook weens toetse ly, en het misluk in hulle voorspoed, omdat hulle teen God se wil gegaan het.

Hulle was deur die Paasfees se toedoen, die plaag van die dood van die eersgeborenes gespaar. Maar, toe hulle nie water gehad het om te drink, en kos om te eet op hulle weg na Kanaän, het hulle begin om te kla.

Hulle het 'n goue kalf gemaak en dit aanbid, en het slegte inligting oor die Beloofde Land versprei; hulle het selfs teen Moses in opstand gekom. Dit was alles omdat hulle nie na Kanaän met geloofsoë gekyk het nie.

As gevolg daarvan, het die eerste generasie, behalwe Josua en Kaleb, almal in die woestyn gesterf. Slegs Josua en Kaleb het in God se belofte geglo en Hom gehoorsaam, en hulle het saam met die tweede generasie van die Uittog die Land Kanaän ingegaan.

Die Seëning om Land Kanaän te kan Ingaan

Aangesien die eerste generasie van die Uittog, deel gevorm het van die generasies wat vir 400 jaar gebore en opgegroei het, in die nie-Joodse kultuur van Egipte, het hulle baie van hulle geloof in God verloor. 'n Groot deel kwaad was ook in hulle harte geplant, terwyl hulle vervolgings en lyding moes deurmaak.

Maar die Israeliete van die tweede generasie van die Uittog, het die woord van God, sedert hulle kinderdae geleer. Omdat hulle baie kragtige werke van God aanskou het, het hulle baie van hulle ouers se generasie verskil.

Hulle het verstaan, waarom hulle ouers se generasie nie die Land Kanaän kon ingaan, maar vir 40 jaar in die woestyn moes bly. Hulle was heeltemal gereed, om God en hulle leier met ware geloof, te gehoorsaam.

Anders as hulle ouers se generasie, wie aanhoudend gekla het, selfs nadat hulle baie werke van God ervaar het, het hulle plegtig belowe om Hom te gehoorsaam. Hulle het bely dat hulle vir Josua, die opvolger van Moses, deur God se wil, volkome sal gehoorsaam.

Soos ons aan Moses gehoorsaam was, so sal ons aan u gehoorsaam wees. Mag die Here u God by u wees soos Hy by Moses was. Elke man wat hom teen u bevele verset en nie gehoorsaam is aan al die bevele wat u gee nie, sal doodgemaak word. Wees u net sterk en vasberade (Josua 1:17-18).

Die 40 jaar wat die Israeliete in die woestyn rondgeswerf het, was nie net 'n straftydperk nie. Dit was 'n tydperk van geestelike opleiding, vir die tweede generasie van die Uittog, wie die Land Kanaän sou binnegaan.

Voordat God vir ons seëninge gee, laat Hy eers baie soorte geestelike opleiding toe, sodat ons geestelike geloof kan verkry. Dit is omdat, sonder geestelike geloof kan ons nie saligheid ontvang, en ons kan nie die hemelse koninkryk ingaan nie.

Ook, indien God vir ons seëninge gee, voordat ons geestelike geloof het, is dit waarskynlik dat die meeste van ons na die wêreld sal terugkeer. Dus, God wys vir ons verbasende werke van Sy krag, en laat somtyds vir ons vurige toetse toe, sodat ons geloof kan groei.

Die eerste hekkie van gehoorsaamheid, wat die tweede generasie moes trotseer, was by die Jordaanrivier gewees. Die Jordaanrivier vloei tussen die vlaktes van Moab en die Land Kanaän, en op daardie tydstip, was die vloei sterk sodat die walle daarvan, dikwels oorstroom was.

Wat het God hier gesê? Hy het vir die priesters gesê, om die Verbondsark te neem, voor te stap die rivier in. Nadat die mense van God se wil, deur Josua verneem het, het hulle na die rivier sonder huiwering begin stap, met die priesters heel aan die voorpunt.

Omdat hulle geglo het in die Alwetende en Almagtige God, het hulle sonder enige twyfel en klagtes, gehoorsaam. As gevolg hiervan, toe die priesters wie die Ark gedra het, se voete die rivieroewer aangeraak het, het die watervloei gestop en hulle kon dit soos op droëgrond oorsteek.

Hulle het ook die stad Jerigo, wat as 'n onaantasbare vesting beskou was, verwoes. Anders as vandag, het hulle nie kragtige wapens gehad, wat dit feitlik onmoontlik gemaak het, om sulke sterk mure wat eintlik twee lae mure was, te verwoes.

Selfs met al hulle krag, sou dit 'n geweldige moeilike taak gewees het, om dit te verwoes. Maar God het vir hulle gesê, om net elke dag vir ses dae lank een keer per dag om die stad te stap, en op die sewende dag moet hulle vroeg opstaan en sewe keer rondom die stad stap, waarna hulle met 'n harde stem moet uitroep.

In 'n situasie waar die vyandige magte bo-op die mure waggestaan het, het die tweede generasie van die Uittog, sonder huiwering, begin om rondom die stadsmure te stap.

Dit was moontlik dat hulle vyand baie pyle na hulle kon geskiet het, of dat hulle 'n grootskaalse aanval teen hule kon geloods het. Steeds in daardie gevaarlike situasie, het hulle aan God se woord gehoorsaam gebly, en net rondom die stad geloop. Selfs die sterk mure moet platval, wanneer die mense van Israel die woord van God gehoorsaam.

Om Seëninge deur Gehoorsaamheid te Ontvang

Gehoorsaamheid kan enige soort omstandighede, oorskry. Dit is die deurgangsroete, om die verbasende krag van God te toon. Vanaf 'n menslike perspektief, mag ons dink dat dit onmoontlik is, om 'n sekere ding te gehoorsaam. Maar volgens God se siening, is daar niks wat ons nie kan gehoorsaam, en God is Almagtig.

Om hierdie soort van gehoorsaamheid te toon, net soos wat ons die lam oor die vuur moes braai, moet ons die woord van God volkome hoor en verstaan, deur die Heilige Gees se inspirasie.

Net soos wat die mense van Israel die Paasfees en die Fees van die Ongesuurde Brood regdeur die generasies moes vier, moet ons altyd die woord van God onthou, en dit in gedagte hou. Naamlik, ons moet voortdurend ons harte reinig met die woord van God, en sondes en kwaad verwerp, met die omvang van ons genade van saligheid.

Slegs dan sal ons ware geloof ontvang, en die volkome daad van gehoorsaamheid sien.

Daar mag dinge wees wat ons nie kan gehoorsaam, wanneer ons met die menslike teorië, eie wete of algemene kennis dink. Maar dit is God se wil, dat ons steeds selfs hierdie dinge moet gehoorsaam. Wanneer ons hierdie soort van gehoorsaamheid openbaar, toon God vir ons groot werke en wonderlike seëninge.

In die Bybel, het baie mense ongelooflike seëninge, deur hulle gehoorsaamheid ontvang. Daniël en Josef het seëninge ontvang, omdat hulle 'n standvastige geloof in God gehad het, en selfs tot die dood, het hulle God se woord onderhou. Ook deur die lewe van Abraham, die Vader van Geloof, kan ons verstaan hoe tevrede God is, met diegene wie gehoorsaam is.

Die Seëninge aan Abraham Gegee

Die Here het vir Abraham gesê, "Trek uit jou land uit, weg van jou mense en jou familie af na die land toe wat Ek vir jou sal aanwys. Ek sal jou 'n groot nasie maak, Ek sal jou seën en jou 'n man van groot betekenis maak, en jy moet tot 'n seën wees" (Genesis 12:1-2).

Op daardie tydstip was Abraham vyf en sewentig jaar oud, en beslis nie meer jonk nie. Veral, was dit nie vir hom maklik gewees, om sy land te verlaat en sy familielede agter te laat, aangesien hy geen seuns gehad het wie sy erfgename kon word nie.

God het ook geen plek genoem, waarheen hy moes gaan nie. God het hom net beveel om te gaan. Indien die menslike denke gebruik was, sou dit baie moeilik gewees het om te gehoorsaam. Hy moes alles agterlaat wat hy daar bymekaar gemaak het, en na 'n volkome vreemde plek gaan.

Dit is nie maklik om alles wat jy besit, agter te laat en na 'n totaal vreemde plek te gaan, selfs al is daar 'n versekerde waarborg oor die toekoms. Hoeveel mense kan alles agterlaat wat hulle nou besit, wanneer hulle toekoms nie duidelik is nie? Maar Abraham het net gehoorsaam.

Daar was 'n ander geleentheid, waar Abraham se gehoorsaam helderder geskyn en vertoon het. Om Abraham se gehoorsaamheid meer volmaak te toon, het God vir hom 'n toets toegelaat, om vir hom seëninge te gee.

Naamlik, God het hom beveel om sy enigste seun, Isak, te offer. Isak was vir Abraham so 'n kosbare seun gewees. Hy was selfs meer waardevol as hyself, maar hy het sonder huiwering gehoorsaam.

Nadat God met hom gepraat het, vind ons in Genesis 22:3 dat vroeg die volgende môre het hy opgestaan en voorbereidings getref, om aan God 'n offer te bring, en na die plek gegaan wat God uitgewys het.

Hierdie keer, was dit 'n hoërvlak van gehoorsaamheid, as die kere toe hy sy land en sy vader se huis moes verlaat. Op daardie stadium het hy net gehoorsaam, sonder om regtig God se wil te verstaan. Maar toe God vir hom gesê het, om sy seun Isak as 'n brandoffer te offer, het hy God se hart verstaan, en sy wil gehoorsaam. In Hebreërs 11:17-19 is dit opgeteken, dat hy geglo het, selfs al moes hy sy seun as 'n brandoffer offer, dat God hom weer sou opwek, omdat hy die saad van God se belofte was.

God was verheug oor Abraham se geloof, en Hy Homself het die offer voorberei. Nadat Abraham hierdie toets geslaag het, het God hom sy vriend genoem, en vir hom groot seëninge gegee.

Selfs vandag nog, is water rondom Israel maar skaars. Daardie tyd in die Land Kanaän was dit selfs skaarser. Maar waar Abraham ookal gegaan het, was die water oorvloedig. Selfs sy neef, Lot, wie by hom gebly het, het so 'n groot seëning ontvang.

Abraham het baie beeste, silwer en goud gehad; hy was baie ryk. Toe sy neef, Lot, gevange geneem was, het Abraham 318 manne, wie in sy huis grootgeword het, geneem en Lot bevry. Net deur hierdie feit, kan ons sien hoe ryk hy was.

Abraham het die woord van God gehoorsaam. Die land en die omgewing rondom hom het saam seëninge ontvang, en hulle wie saam met hom was, het ook seëninge ontvang.

Deur Abraham, het sy seun Isak ook seëninge ontvang, en sy afstammelinge was so baie dat hulle selfs 'n nasie gevorm het. Verder, het God vir hom gesê, dat Hy dié sal seën wie hom seën, en vervloek wie hom ookal vervloek. Hy was so gerespekteer, dat selfs die konings van die naburige nasies aan hom hulde gebring het.

Abraham het alle soorte seëninge ontvang, wat 'n mens op hierdie aarde kan ontvang, insluitende rykdom, roem, mag, gesondheid en kinders. Net soos daar in Deuteronomium hoofstuk 28 geskrywe staan, hy het seëninge ontvang toe hy ingekom het, en toe hy uitgegaan het.

Hy het die oorsprong van seëninge, en die vader van geloof geword. Bowendien, hy kon God se hart diepliggend verstaan, en God kon Sy hartsake met hom as Sy vriend deel. Hoe 'n heerlike seëning was dit!

Omdat God liefde is, wil Hy hê dat almal soos Abraham moet word, en die geseënde en heerlikste posisies bereik. Dit is waarom God breedvoerige inligting oor Abraham gelaat het. Wie ookal sy voorbeeld volg, en die woord van God gehoorsaam, kan dieselfde seëninge as Abraham ontvang, wanneer hy inkom en uitgaan.

Die Liefde en Geregtigheid van God Wie Ons Wil Seën

Tot hiertoe het ons gekyk na die Tien Plae wat aan Egipte opgelê was, asook die Paasfees wat vir die Israeliete die weg na saligheid was. Hierdeur kan ons verstaan, waarom ons rampe ervaar, hoe ons dit kan vermy, en hoe ons gered kan word.

Indien ons weens probleme en siektes ly, moet ons besef dat dit oorspronklik, as gevolg van ons sondes veroorsaak word. Dan, moet ons vinnig na onsself terugkyk, berou toon, en alle vorme van sondes verwerp. Ook, deur Abraham, kan ons verstaan watter soorte wonderlike en ondenkbare seëninge God aan diegene gee, wie Hom gehoorsaam.

Alle rampe het oorsake. Ooreenkomstig tot watter mate ons dit uit ons hart besef, wegdraai van sonde en kwaad en onsself verander, sal die resultaat baie verskillend wees. Sommige mense sal net die boete van hulle foute betaal, terwyl ander die duisternis of kwaad in hulle harte sal vind, deur die lyding, en dit as 'n geleentheid beskou, om hulleself te verander.

In Deuteronomium hoofstuk 28, kan ons die vergelykings vind van die seëninge en vloeke wat oor ons sal kom, in situasies van gehoorsaamheid en ongehoorsaamheid, teenoor God se woord.

God wil vir ons seëninge gee, maar soos wat Hy in Deuteronomium 11:26 sê, "Let op, ek hou julle vandag die seën en die straf voor," die keuse is ons s'n. Indien ons boontjies saai, sal boontjies uitspruit. Eweneens, ons ly weens rampe wat deur Satan voortgebring word, as gevolg van ons sondes. In hierdie geval, moet God die rampe toelaat om plaas te vind, ooreenkomstig Sy geregtigheid.

Ouers wil hê, dat hulle kinders welgesteld moet wees, en hulle sê, "Studeer harder," "Lewe 'n opregte lewe," "Gehoorsaam alle verkeerswette," ensovoorts. Met dieselfde soort van hart, het God vir ons Sy gebooie gegee en wil Hy hê, dat ons dit moet gehoorsaam. Ouers wil nooit hê, dat hulle kinders hulle verontagsaam nie, en verval in wyses van ongelukkigheid en vernietiging. Eweneens, dit is ook nooit God se wil, dat ons weens probleme moet ly nie.

Daarom, bid ek in die naam van die Here Jesus Christus dat julle almal sal besef, dat die wil van God vir Sy kinders is, nie rampe nie, maar seëning deur die lewe van gehoorsaamheid, sal jy seëninge ontvang wanneer jy in en uitgaan, en alles sal vir jou voorspoedig wees.

Die Outeur:
Dr. Jaerock Lee

Dr. Jaerock Lee is in 1943 in Muan, Jeonnam Provinsie, Republiek van Korea gebore. Gedurende sy twintiger jare het Dr. Lee vir sewe jaar lank, aan 'n verskeidenheid ongeneeslike siektes gely, in afwagting op die dood met geen hoop op herstel nie. Eendag gedurende die lente in 1974, egter, het sy suster hom saamgeneem kerk toe. Toe hy neerkniel om te bid, het die Lewende God hom dadelik van al sy siektes genees.

Vanaf die oomblik wat Dr. Lee die Lewende God ontmoet het, deur daardie wonderlike ervaring, het hy vir God met sy hele hart opreg liefgehad, en in 1978 was hy as 'n dienskneg van God geroep. Hy het ywerig gebid, sodat hy God se wil duidelik kon verstaan, dit tenvolle kon uitvoer en God se Woord volkome gehoorsaam. In 1982, het hy die Manmin Sentrale Kerk in Seoul, Korea, gestig en ontelbare werke van God, insluitend wonderbaarlike genesings en wonders, het al by sy kerk plaasgevind.

In 1986, was Dr. Lee by die Jaarlikse Byeenkoms van Jesus se Sungkyul Kerk van Korea, as 'n pastoor georden, en vier jaar later in 1990, was daar begin om sy preke na Australië, Rusland en die Filippyne uit te saai, en later baie meer deur, 'The Far East Broadcasting Company, the Asia Broadcast Station, and the Washington Christian Radio System'.

Drie jaar later in 1993, was Manmin Sentrale Kerk as een van die "World's Top 50 Churches" deur die Christelike Wêreld tydskrif (VSA) aangewys. Dr. Lee ontvang 'n Ere Doktorsgraad in Godgeleerdheid, by die Christelike Geloofs Kollege, Florida, VSA, en in 1996 'n Ph. D. in Teologie by die Kingsway Teologiese Kweekskool, Iowa, VSA.

Sedert 1993, het Dr. Lee die leiding in wêreldsending geneem, deur baie oorsese kruistogte in Tanzanië, Argentinë, Los Angeles, Baltimore Stad, Hawaii, en New

York Stad van die VSA, Uganda, Japan, Pakistan, Kenia, die Filippyne, Honduras, Indië, Rusland, Duitsland, Peru, Demokratiese Republiek van die Kongo, en Israel. In 2002 was hy die "worldwide pastor" genoem, deur die groot Christelike nuusblaaie in Korea, vir sy werk tydens die verskeie oorsese Groot Verenigde Kruistogte.

In September 2010, het Manmin Sentrale Kerk 'n gemeente van meer as 100,000 lidmate gehad. Daar is 9,000 binnelandse en oorsese kerktakke regoor die wêreld, en meer as 132 sendelinge is in 23 lande aangestel, insluitend die Verenigde State, Rusland, Duitsland, Kanada, Japan, China, Frankryk, Indië, Kenia en baie meer.

Tot datum van hierdie publikasie, het Dr. Lee reeds 60 boeke geskryf, insluitend beste verkopers soos, 'Tasting Eternal Life before Death, My Life My Faith I & II, The Message of the Cross, The Measure of Faith,Heaven I&II, Hell, en The Power of God'. Sy werke is reeds in meer as 44 tale vertaal.

Sy Christelike kolomme verskyn op: 'The Hankook Ilbo, The Joong Ang Daily, The Dong-A Ilbo, The MunhwaI lbo, The Seoul Shinmun, The Kyunghyang Shinmun, The Hankyoreh Shinmun, The Korea Economic Daily, The Korea Herald, The Shisa News, en The Christian Press'.

Dr. Lee is tans leier van baie sendingorganisasies en verenigings: insluitend Voorsitter van, 'The United Holiness Church of Jesus Christ; President, Manmin World Mission; Permanent President, The World Christianity Revival Mission Association; Founder, Manmin TV; Founder & Board Chairman, Global Christian Network (GCN); Founder & Board Chairman, World Christian Doctors Network (WCDN); and Founder & Board Chairman, Manmin International Seminary (MIS)'.

www.ingramcontent.com/pod-product-compliance
Lightning Source LLC
LaVergne TN
LVHW021823060526
838201LV00058B/3488